CW00690380

Cartas Sôbre A Educação Da Mocidade

Sanches, Antonio Nunes Ribeiro, 1699-1783. [from old catalog],
Lemos, Maximiano Augusto d'Oliveira 1860- [from old catalog] ed

Nabu Public Domain Reprints:

You are holding a reproduction of an original work published before 1923 that is in the public domain in the United States of America, and possibly other countries. You may freely copy and distribute this work as no entity (individual or corporate) has a copyright on the body of the work. This book may contain prior copyright references, and library stamps (as most of these works were scanned from library copies). These have been scanned and retained as part of the historical artifact.

This book may have occasional imperfections such as missing or blurred pages, poor pictures, errant marks, etc. that were either part of the original artifact, or were introduced by the scanning process. We believe this work is culturally important, and despite the imperfections, have elected to bring it back into print as part of our continuing commitment to the preservation of printed works worldwide. We appreciate your understanding of the imperfections in the preservation process, and hope you enjoy this valuable book.

BIBLIOTECA DO SÉCULO XVIII

II

CARTAS

SÔBRE A

EDUCAÇÃO DA MOCIDADE

POR

A. N. RIBEIRO SANCHES

NOVA EDIÇÃO

REVISTA E PREFACIADA

PELO

Dr. MAXIMIANO LEMOS

COIMBRA

IMPRENSA DA UNIVERSIDADE

1922

CARTAS

SÔBRE A

EDUCAÇÃO DA MOCIDADE

BIBLIOTECA DO SÉCULO XVIII

II

CARTAS

SÔBRE A

EDUCAÇÃO DA MOCIDADE

POR

A. N. RIBEIRO SANCHES

NOVA EDIÇÃO

REVISTA E PREFACIADA

PELO

Dr. MÁXIMIANO DE LEMOS

COIMBRA

IMPRENSA DA UNIVERSIDADE

1922

LB575
.S33 A3
1922

Desta edição
fez-se uma tiragem especial de 100 exemplares,
numerados e rubricados.

H fund
H 35 1918
Mn 13, 33

NOTÍCIA BIBLIOGRÁFICA

As *Cartas sôbre a educação da mocidade* que a benemerência do sr. dr. Joaquim de Carvalho hoje colocam nas mãos dos estudiosos são uma das obras mais raras, se não a mais rara, do grande sábio que se chamou António Nunes Ribeiro Sanches. Não admira que isto suceda, visto que hoje se sabe que a tiragem foi apenas de cinqüenta exemplares que em Paris foram entregues a Monsenhor Pedro da Costa de Almeida Salema que em França nos representava (1).

¿A quem eram dirigidas estas cartas? O sr. dr. Teófilo Braga, na sua *História da Universidade,* vol. III, pág. 349, afirma que o destina-

---

(1) Maximiano Lemos — *Ribeiro Sanches,* doc. 23 e 24 a pág. 345 e 346.

tário era o principal Almeida que fôra nomeado director geral dos estudos e remetera a Sanches o alvará de 28 de junho de 1759 abolindo as classes e colégios dos jesuitas.

Não é assim. As *Cartas* foram dirigidas a Monsenhor Salema e a êle se refere Sanches ao escrever: «Quando V. Illustrissima foi servido communicarme o Alvará sobre a reforma dos Estudos, que S. Magestade Fidelissima foi servido decretar no mez de julho passado e juntamente as Instruçoens para os Professores de Gramatica Latina, etc., logo determinei manifestar a V. Illustrissima o grande alvoroço que me causou a real disposição sobre a Educação da Mocidade Portugueza; mas embaraçado com algũa dependencia que então me inquietava e com a saude mui quebrantada ao mesmo tempo, não pude satisfazer logo o meu dezejo».

Camilo Castelo Branco não possuía exemplar impresso das *Cartas,* mas tinha em seu poder uma cópia que começou a publicar no *Ateneu,* revista conimbricense. Não identificava o manuscrito que possuía com as *Cartas sôbre a educação da mocidade,* mas a obra era dirigida a Pedro da Costa de Almeida Salema. Esta idea var-

reu-se-lhe com o tempo. Nas *Noites de insómnia,*
n.º 2, de fevereiro de 1874 num artigo intitulado
O oráculo do Marquez de Pombal diz: «O Marquez de Pombal, ou não quiz, ou apesar da sua
omnipotencia não logrou assegurar repouso na
patria ao seu douto oraculo, em paga dos conselhos
e projectos de boa administração que o neto do
hebreu lhe suggeriu de Paris, e o valido ingrato
aproveitou, occultando-lhes a procedencia. A
creação do *Collegio dos nobres* por carta de lei
de 7 de março de 1761 havia sido aconselhada
por carta de Ribeiro Sanches, datada em Paris,
em 19 de novembro de 1759».

Esta data é precisamente aquela que se lê no
termo das *Cartas sôbre a educação da mocidade.*

Publicou Camilo alguns trechos do seu manuscrito. O que saíu no *Ateneu* compreende as
primeiras 16 páginas da edição original que correspondem às primeiras 22 páginas desta; os que
apareceram nas *Noites de insómnia* são tránscritos
das *Cartas* a contar da pág. 104 que correspondem
a pág. 168 desta.

No *Perfil do Marquez de Pombal* de novo considera Ribeiro Sanches «o mais proficiente collaborador das reformas pombalinas» e diz que êle imprimiu em 1760 umas cartas sob o título de *Cartas sôbre a educação da mocidade,* provàvelmente enviadas ao Conde de Oeiras. Esta hipótese encontra a desmentí-la o tratamento de *Vossa Ilustrissima* que êle dá à pessoa a quem se dirigia.

Estamos hoje em circunstâncias de dizer dum modo incontestável que o correspondente de Sanches era Monsenhor Salema. Os dois documentos que pela primeira vez foram publicados no nosso livro a que atrás fizemos referência o atestam.

«O Dr. Sanches me remetteu hoje o livro incluso com a carta junta, obra que já insinuei a V. Ex.ª e que me parece merecer a attenção de El Rey Nosso Senhor e do seu sabio e respeitavel ministerio pelos muitos objectos de utilidade que ella propõe para a educação e ilustração da mocidade portugueza e que é a materia de varias conversações que tive com este douto e honrado patriota; julgando-a de grande proveito, lhe signifiquei a quizera pôr por escripto para que deste modo resultasse ao nosso reino todo o bem que se póde tirar da dita obra: a mencionada carta narra o motivo porque pareceu mais conveniente que se preferisse a impressão do manuscripto, estando certo que o numero de exemplares não excede o de que o autor faz menção e que amanhã vem todos para meu poder» (1).

Junta vinha a carta de Sanches a Monsenhor Salema com a mesma data :

«*Illustrissimo e Reverendissimo Senhor.*—Foi V. Illustrissima servido conceder-me mandar-lhe esse exemplar do manuscripto que tive a honra de communicar-lhe, pedindo-lhe seja servido remettel-o á nossa Corte, e das precauções que tomei para que toda a impressão viesse a ficar no poder de V. Illma, como consta da obrigação do impressor aqui junta: tão (bem) peço a V. Illustrissima, humildemente queira declarar o motivo porque se imprimiu este papel, reduzindo-se todo a diminuir o volume do manuscripto, e para que se lesse o conteúdo com mais facilidade e egual recato. Espero amanhã levar a V. Illustrissima os cincoenta exemplares, porque não foi possivel estarem promptos mais do que esse unico que remetto agora. Se V. Illustrissima fôr servido tambem de dar parte á nossa Côrte que dita impressão ficará no seu poder até receber ordem para dispôr della; porque só deste modo ficará a nossa Côrte persuadida que não sendo do seu agrado este impresso ninguem o verá, nem lerá...»

Os dois documentos provam que as *Cartas* foram dirigidas a Monsenhor Salema e que êste

---

(1) Offcio de Monsenhor Salema de 7 de janeiro de 1760.

até tomava para si uma parte da autoria do livro, ao menos como colaborador.

O livro é um opúsculo de 130 páginas além de 2 de índices. O frontispício é o seguinte: *Cartas | sobre | a educação | da mocidade |* (uma vinheta) *| em Colonia |* (um filete) *| MDCCLX.*

Na última página, remata:

Deos guarde a V. Illustrissima muitos anos.

Paris 19 Novembro 1759. Isto em letra de fôrma e em letra manuscrita, mas não de Ribeiro Sanches, a assinatura: Antonio Nunes Ribeiro Sanches.

Os documentos que atrás reproduzimos demonstram que a impressão foi feita em Paris. Se não tivessemos esta prova irrefragável, tornaria muito provável a asserção de que a impressão tinha sido feita em França a circunstância de que a *taboa das divisoens*, ou, como hoje diriamos, o índice, tem a seguinte indicação, em seguida à designação *Das Escolas e dos Estudos dos Christãos até o tempo de Carlos Magno, no anno 800...*

Page 5

O formato é de 0,86 × 0,15, tendo cada página 46 linhas. O tipo empregado foi o elzevir de corpo 8.

CARTAS

SOBRE

A EDUCAÇAÕ

DA MOCIDADE.

EM COLONIA.

M. DCC. LX.

(Reprodução do frontispício da 1.ª edição)

Lendo o livro, não se encontram nele, senão por excepção, as notas pessoais que tanto interêsse dão ao *Método para aprender e estudar a medicina,* mas estas destacamos:

No § que se intitula dos *Estudos Mayores ou Colegios Reaes* (pág. 95 da edição original; pág. 154 desta) referindo-se a um dos Colégios Reais que se deviam fundar na Universidade escreve: Mas como sou obrigado escrever do método de ensinar e aprender a Medicina, então he que tratarei mais particularmente desta Escola». Outra passagem fez-nos descobrir uma edição de Camões em que êle colaborou: « E por esta razão mostrei eu a necessidade que tinhão as Escolas Portuguezas de adoptar o Poema de Camoens, para educar a Mocidade, como se poderá ver no Prefacio da ultima edição (pag. 101)».

A edição a que Sanches se refere é a que em 1759 publicou em Paris o editor Pedro Gendron e ofereceu ao nosso ministro em Paris, Pedro da Costa de Almeida Salema. Efectivamente em uma advertência que se encontra no primeiro volume com o título *Ao leitor* lêem-se as seguintes palavras:

«Que considerem agora aquelles que tem pela

maior fidelidade de um estado a boa educação
da mocidade, que effeitos não produziria nella,
se nas escolas onde se aprende a ler e escrever
ou nas do latim, se explicassem aquelles logares
em que o Poeta exprime, com imagens tão vivas
e amaveis, a *fidelidade* e a *obediencia* devida aos
Paes e ao seu Soberano; a *esperança* e um animo
invicto aos perigos; a *circunstancia* das grandezas
humanas e o pouco que são o illustre do nascimento, honras e riquezas, ao serem declaradas
com a virtude, valor, sciencia, industria e amor
do bem publico! Este e outros muitos preceitos
da vida civil, que se lêem neste Poema, formariam
em tenra edade um caracter nacional tão louvavel
e de tanta importancia no resto da vida, que Portugal veria ainda renascer homens tão excellentes,
como o Poeta cantou em todas as suas obras.

«Se tivesse tanta fortuna que fizesse presente a
Portugal do mais excellente Auctor classico para
a instrucção da sua mocidade; se eu visse ainda
que havia mestres tão amantes da sua patria e
da virtude, que adoptassem este Poeta para instruir e plantar no coração dos seus discipulos os
fundamentos de toda a felicidade humana, ficaria
bem recompensado do trabalho que tomei em

imprimil-o e da despeza que fiz imitando as edições do melhor Elzevir para merecer esta obra (ainda por este titulo) o nome de primeiro Autor classico portuguez. Então ficarei satisfeito por que contribui para augmentar a gloria da nação portugueza: e que dei motivo de lembrar-se das acções heroicas que tem obrado, para perpetual-as por esta instrucção á mais dilatada posteridade».

Dissemos no *Ribeiro Sanches* que não julgavamos fácil determinar a parte que o grande sábio tomou nesta edição do poeta por quem tinha tanta admiração. Pendemos, todavia, para acreditar que o seu papel se não limitou a escrever esta pequena advertência e que as palavras que se lêem no princípio das *Cartas sôbre a educação da mocidade* sôbre os motivos que retardaram a escrita dêste livro: *embarassado com algũa dependencia que então me inquietava* se relacionam com a edição de Camões.

Raríssimas, as *Cartas sôbre a educação da mocidade* houve uma ocasião em que se poude julgar que se tornariam mais divulgadas. Em 1882 começaram elas a ser republicadas pela benemérita Sociedade de Instrução do Pôrto na *Re-*

vista que era o seu boletim. No número de 1 de maio começaram a aparecer com esta nota:

«Estas cartas são raras, como preciosas são publicadas por iniciativa do Presidente d'esta Sociedade que possue o exemplar impresso em Colonia em 1760 na sua escolhida livraria. Inocencio da Silva (*Dicc. Bibliogr.*) declara na biographia do celebre medico conhecer apenas um unico exemplar que existia em Lisboa. É escusado encarecer o valor scientifico das *Cartas*. Ellas fallarão por si. Faremos uma tiragem á parte d'ellas que daremos pelo custo aos socios e assignantes da *Revista*, e pelo dobro aos extranhos. A publicação seguirá ininterrupta, dando-se cada mez 16 pag. de modo a completar-se a collecção até ao fim do anno corrente. O snr. Presidente José Fructuoso Ayres de Gouvêa Osorio fará uma introducção especial a este notavel trabalho do medico portuguez».

Estas promessas não foram inteiramente cumpridas. Neste ano de 1882, o periódico publicou com toda a regularidade as *Cartas* e ainda sairam no primeiro número de 1883; a introdução de Aires de Gouveia nunca se escreveu e só agora, passados quási quarenta anos, as famosas *Cartas* reaparecem completas; e, coisa singular, o mesmo exemplar que serviu para a publicação da *Revista da Sociedade de Instrução* é o que serve para esta edição. Esse exemplar pertence hoje ao dr. José Carlos Lopes, filho do ilustre professor da Escola Médica Cirúrgica do Pôrto que teve o mesmo nome.

A reprodução faz-se com toda a exactidão, limitando-se a nossa colaboração à revisão das provas e à colocação dalgumas vírgulas e acentos.

Setembro de 1922.

MAXIMIANO LEMOS.

CARTAS

SOBRE A

EDUCAÇÀO DA MOCIDADE

Illustrissimo Senhor.

Quando V. Illustrissima foi servido communicarme o Alvará sobre a reforma dos Estudos, que S. Magestade Fidelissima foi servido decretar no mez de Julho passado, e juntamente as Instruçoens para os professores da Grammatica Latina, &. logo determinei manifestar a V. Illustrissima, o grande alvoroço que me cauzou a real disposiçaõ sobre a educaçaõ da Mocidade Portugueza; mas embarassado com algũa dependencia que entaõ me inquietava, e com a saude mui quebrantada ao mesmo tempo, naõ pude satisfazer logo o meu dezejo; naõ só applaudindo o util desta ley, mas taõbem, renovando os mais ardentes votos pela vida e conservaçaõ de S. Magestade que Deos guarde, que com o seu paternal amor cuida taõ efficazmente no augmento, como taõbem na gloria dos seus amantes e fieis Subditos.

Esta ley, Illustrissimo Senhor, incitou o meu animo, ainda que pelos achaques abatido, a revolver no pen-

I

samento o que tinha ajuntado da minha lectura sobre a
Educaçaõ civil e politica da Mocidade, destinada a servir
á sua patria tanto no tempo da paz como no da guerra.
Ninguem conhece milhor a importancia desta materia,
que V. Illustrissima, e nesta consideraçaõ he que de-
termino patentear-lhe naõ só hũa succinta historia da
Educaçaõ civil e politica que tiveram os Christaõs Catholicos Romanos até os nossos tempos, mas taõbem
hũa noticia das Universidades, com a utilidade ou inconvenientes, que dellas resultaraõ ao Estado Civil e
Politico, e á Religiaõ. Espero que será do agrado de
V. Illustrissima que me ocupe nesta indagaçaõ por
algum tempo, e que admirará, depois de ser servido
lê-la, a admiravel providencia de S. M. Fidelissima,
expressada neste Alvará que venho de lêr novamente.
Verá V. Illustrissima que naõ temos inveja aos Imperadores Theodosio, Antonino Pio, ou a Carlos Magno;
porque ainda que todas as monarchias, e Republicas
decretáraõ leis para reger-se a Educaçaõ da Mocidade,
naõ li ategora que Soberano algum destruisse os abuzos
da errada, e que em seu lugar decretasse a mais re-
comendavel. Mostrarei pelo discurso deste papel,
que toda a Educaçaõ, que teve a Mocidade Portugueza,
desde que no Reyno se fundáraõ Escolas e Universidades, foi meramente Ecclesiastica, ou conforme os
dictames dos Ecclesiasticos; e que todo o seu fim foi,
ou para conservar o Estado Ecclesiastico, ou para
augmentalo.

Somente S. Magestade Fidelissima foi o primeiro
entre os seus Augustos Predecessores, que tomou a si
aquelle *Jus* da Magestade de ordenar que os seos

Subditos aprendaõ de tal modo, que o ensino publico possa utilisar os seus dilatados Dominios. Só este grande Rey conheceo que como a alma governa os movimentos de todo o corpo para conservalo; assim elle, como alma e intelligencia superior do seu Estado, era obrigado (a) promover a sua conservaçaõ, e o seu augmento por aquelles meyos que concebeo mais adequados. Aquelle benegnissimo Alvará nos dá a conhecer que só a Educaçaõ da Mocidade, como deve ser, he o mais effectivo e o mais necessario. Porque S. Magestade, que Deos guarde com alta providencia, considera que lhe saõ necessarios Capitaens para a defensa; Conselheyros doutos e experimentados; como taõbem Juizes, Justiças, e Administradores das rendas Reais; e mais que tudo na situaçaõ em que está hoje a Europa, Embayxadores, e Ministros publicos, que conservem a harmonia de que necessitaõ os seus Estados; esta Educaçaõ naõ seria completa se ficasse somente dedicada á Mocidade Nobre; Sua Magestade tendo ordenado as Escolas publicas, nas Cabeças das Comarcas, quer que nellas se instruaõ aquelles que haõ de ser Mercadores, Directores das Fabricas, Architectos de Mar e Terra, e que se introduzaõ as Artes e Sciencias.

Á vista do referido permittame V. Illustrissima que satisfaça aquelle ardente desejo, que conservei sempre, ainda taõ distante e por tantos annos longe de Portugal, de servi-lo do modo que posso, ou que penso lhe servirà de algũa utilidade. Nem a ambiçaõ de sahir do meu estado, nem a cobiça de fazelo mais commodo, me obriga a occupar aquelle pouco tempo, que me deyxaõ os achaques, em ajuntar neste papel tudo aquillo

que tem connexaõ com o Alvará que V. Illustrissima
foi servido ultimamente communicarme. He somente
aquelle ardente zelo, he somente aquelle amor da patria,
que V. Illustrissima acendeo de novo em mim pelo seu
claro e penetrante entendimento taõ judiciosamente cul-
tivado, pela sua clemencia, pela sua piedade, e por
aquelle ardor de promover tudo para mayor felicidade
da nossa patria; que satisfaçaõ que tenho neste instante!
que louvo estas virtudes, taõ raras nos nossos dias,
sem a minima adulaçaõ, e sem o minimo interesse
servil. Aquelles Portuguezes que vivem pela piedade
de V. Illustrissima, e todos, naõ só confirmariaõ o
pouco que digo, mas augmentariaõ de tal modo o que
agora callo, que temeriamos ficasse offendida aquella
modestia e aquella inimitavel affabilidade, com que V.
Illustrissima sabe render os nossos coraçoens.

§.

*Das Escolas, e dos Estudos dos Christaons até o tempo
de Carlos Magno, no anno 800*

Logo que os Santos Apostolos sahiraõ de Hierusalem
a prégar os preceitos do seu Divino Mestre, e estabeleceraõ Congregaçoens de fieis Christaõs, e juntamente
Escolas para ensinar a Doutrina Christaã: os Mestres
que nellas residiaõ eraõ os Bispos, e os Diaconos, e
taõbem alguns Christaõs mais bem instruidos, que ensinavaõ áquelles, que queriaõ bautisarse. O Abbade
de Fleury (1) que seguiremos nestas notícias, dis que

_____

(1) *Discours sur l'Histoire Écclesiastique*, Discours II. § XIII.
Paris, 1750. *in-8.º*

nestes tres primeiros seculos da christandade naõ havia outras Escolas publicas, entre os Christaõs, que as referidas.

A doutrina que se ensinava nestas Escolas era a explicaçaõ das sagradas Escrituras, os Mysterios da Fé, e tudo o que conduzia para a observancia da Religiaõ Christaâ. Na Escola de Alexandria, Origenes e Clemente de Alexandria ensináraõ esta doutrina, e naõ lemos nas suas obras, que ensinassem sciencia algũa humana, como taõbem nas de Santo Athanasio, San João Chrysostomo, San Cyrillo, ou Santo Augustinho, que todos ensináraõ, e formáraõ discipulos excellentes.

Ainda que Clemente de Alexandria, e quasi todos os Santos Padres fossem doutissimos, e inteiramente instruidos nas sciencias humanas, naõ as tinham aprendido nas Escolas Christaâs, mas nas dos Gentios Gregos, e Romanos; e como destes muitos se converteraõ á Religiaõ Christaâ, daqui procedeo serem instruidos taõ cabalmente em toda a sorte de Litteratura; porque naquelles tempos a Egreja naõ necessitava para a sua conservaçaõ e augmento, que da sciencia das Cousas Divinas, poisque vivia debayxo do Dominio das Potencias mundanas; e se tinhaõ entaõ por profanos aquelles Ecclesiasticos que ensinavaõ, ou estudavaõ outros conhecimentos, que os sagrados.

O methodo de ensinar nestas Escolas Sagradas era primeiramente corregir e arrancar do animo daquelles que se queriaõ bautisar, os máos costumes, que tinhaõ contrahido na sua educaçaõ; quando hũa vez chegavaõ a sahir do caminho dos vicios, e que nelles se observava o ardente dezejo de bautizar-se, eraõ admitidos ás instruçoens mais elevadas como saõ as da Fé e das Escrituras Sagradas.

Ja vemos nestas Congregaçoens dos primeiros Christaõs duas sortes de ensino, o primeiro dos *bons costumes*, e o segundo dos *mysterios da Religiam*. Do primeiro tinhaõ cuidado dos Inspectores ou guardas dos Costumes; e do segundo os Mestres que eraõ os Bispos, Diaconos, e os mais instruidos nas Escrituras Sagradas.

De taõ limitados principios, como veremos pelo discurso deste papel, sahio aquelle poder que tem os Bispos sobre todos os Estudos e Escolas da Christandade, como taõbem aquella geral inspecçaõ sobre os costumes: veremos que os Emperadores Christaõs, e os Monarchas seus sucessores deyxáraõ no seu poder e arbitrio, estas duas obrigaçoens, que tem de mandar educar os seus Subditos pelas suas direçoens, e de corrigir e regrar os costumes nos seos Dominios.

No principio do iv seculo já estava a Religiaõ Christaâ espalhada por quasi todo o mundo conhecido; já floreciaõ as Escolas Christaâs em Alexandria, e Hierusalem, Antiochia, e em Roma; ja nellas se ensinavaõ a Grammatica, as Humanidades, e a Philosophia, e principalmente depois que começou a reynar Constantino Magno, e seu Filho Constancio. Porque vemos que o Imperador Juliano Apostata prohibio por hũa ley decretada no anno 362 (1), que nenhum Christaõ ensinasse publicamente a Grammatica ou Philosophia, nem outra

---

(1) Apud Baronium, tom. iv. pag. 107 & 108. Ed. Romanæ, ex Epistol. 42 Julian. Apostat.

qualquer sciencia; sinal evidente que os Christaõs naquelles tempos eraõ já Professores destas sciencias.

Mas como esta prohibiçaõ naõ durou muito tempo, ficáraõ os Professores Christaõs senhores das Escolas, nas quais ensinavaõ antes. Porque por hũa ley dos Emperadores Valentiniano, e Valente, decretada no anno 365 entráraõ de posse os Mestres das Escolas nos seus cargos (1). E para que mais facilmente se comprehenda, que toda a Educaçaõ da Mocidade Christaã ficou á disposiçaõ dos Bispos, tanto na instruçaõ como nos costumes, relatarêmos aqui as leys que decretou Constantino Magno em seu favor, e da Religiaõ Christaã, para ficarmos persuadidos do que fica dito antecedentemente.

Relata Baronio (2) que Constantino Magno mandou abolir os templos da idolatria e os collegios dos seos Sacerdotes, que permittio aos Bispos dar liberdade aos Escravos que abraçassem a Religiaõ Christaã, authoridade que só tinha o Pretor Romano com muitas formalidades: que ordenára aos Thezoureyros, e aos Collectores dos Selleyros de todo o Imperio, dar aos Bispos a quantidade de trigo que lhes pedissem para distribuir por aquelles Christaõs que fizessem ou tivessem feito voto de castidade; abrogando ao mesmo tempo a ley Julia Papia e Poppea de Augusto Cesar, pela qual os Celibatarios ficavam excluidos das heranças

---

(1) Apud Baronium, tom. iv pag. 172. «Si quis erudiendis adolescentibus vita pariter & facundia idoneus erit, vel novum instituat auditorium, vel repetat intermissum. Dat. iii. Id. Januar. Divo Jovian. & Varroniano. Coss.»
(2) Tom. 3. Editionis Romanæ, per totum.

dos gráos transversais. Que todos os Ecclesiasticos fossem izentos de todo o cargo civil e militar; abrogando por esta ley a do Imperio, no qual para entrar nos grandes cargos da Republica era preciso estar alistado em algum collegio Sacerdotal do Gentilismo. Permitio tanto aos Seculares como aos Ecclesiasticos, apellar para os Bispos depois da final sentença nos Tribunaes Seculares, e que do Tribunal dos Bispos naõ haveria apellaçaõ(1): que os Bispos e os Clerigos se vestissem da mesma sorte de vestidos, de que uzavaõ os Sacerdotes da Gentilidade: permitio a cada qual testar bens moveis e immoveis em favor das Igrejas, ainda que esta ley foi abrogada pelos Emperadores seus successores: que as terras pertencentes á Igreja seriaõ izentas de todas as tassas e tributos. Esta ley he a ultima que se lê no Codex Theodosiano com data do anno 315; e a mayor parte dos Commentadores a tem por espuria.

Naõ era factivel em hum Imperio taõ dilatado, como era entaõ o Romano, que todas estas leys se executassem como requeria o zelo dos Ecclesiasticos; mas he certo que no tempo do Emperador Theodosio o Grande, a mayor parte das leys referidas, ou estavaõ em seu vigor, ou tinhaõ sido reformadas em utilidade, mais da Religiaõ Christaã e Ecclesiasticos, que do Estado.

Autorizados os Bispos com a jurisdiçaõ do Pretor, e da divina instituiçaõ, de ensinar e de prégar, insti-

---

(1) No Decreto de Graciano. Part. ii. Causa xi. Cap. 2 & 3. 36 & 37. Vid. Fleury, *Histoire Eccles.* liv. 59. n.º 28. & les Discours vi, sur l'Histoire Ecclesiastique.

tuiraõ cada qual nas suas Igrejas, naõ somente as Escolas para aprender a Religiaõ Christaâ, mas ainda as sciencias humanas, que naquelles tempos, quasi todas se reduziaõ á eloquencia e á sciencia moral do Evangelho e ao mesmo tempo tomáraõ a si a incumbencia de regrar os costumes, com tanta exactidaõ que do tempo de Constantino, acabou em um seu Tio aquelle honorifico e tremendo cargo de *Censor*, dignidade deste Imperio, para correcçaõ dos costumes da Gentilidade.

Até o tempo de S. Gregorio o Magno, a mais Illustre Escola foi a de Roma, ainda que existia aquella de Alexandria e de Constantinopla; mas ou porque as sciencias humanas naõ eraõ necessarias para o augmento da Fé, ou por outras cauzas que relataremos, he certo que do tempo de Theodorico, primeiro Rey dos Godos em Italia, no anno 494, reynava tanta ignorancia, que todas as lettras se extinguiriaõ totalmente, se os Frades de S. Bento, de S. Basilio, e os Ecclesiasticos nas suas Sés, naõ conservassem os originais Gregos e Romanos, que temos ainda nos nossos tempos.

Naõ somente a invasaõ das Naçoens barbaras no dominio do Imperio Romano destruio as sciencias, mas taõbem a errada economia do Emperador Justiniano (1). Este supprimio os sallarios aos Mestres e Professores nas Escolas e nas Academias tanto de Athenas, Alexandria e Roma, como no resto do Imperio; porque

_____

(1) Apud Herm. *Conringium de antiquitatibus Academicis*, editionis Heumanni, Dissert. vii. Gotingæ, 4.º ibi pag. 33. Dissert. prima. O Emperador Justiniano viveo no anno 565.

este Emperador, como nos consta de Procopio(1) e Zonaras(2), dispendia profusissimamente em edificar Igrejas e muitos outros. edificios; e naõ bastando as rendas Imperiais a tantas despezas, lhe foi preciso supprimir aquellas que fazia o Imperio com os Mestres e Professores das sciencias.

Entre os Canones do Concilio de Carthago, celebrado no anno 686(3), se lê que dali por diante naõ fosse permitido a nenhum secular entrar nas Igrejas Cathedrais, e que nenhum Bispo pudesse ler livros compostos por Autores idolatras.

Até ao septimo seculo, todos os frades eraõ leygos, e todos pela Regra de S. Bento (4) trabalhavaõ sete horas por dia, e o resto do tempo gastavaõ na meditaçaõ dos divinos preceitos. Mas depois que acrescentaram o officio de Nossa Senhora ao grande offlcio ou rezà, e hum grande numero de Psalmos, o que tudo se cantava já pelo Canto Gregoriano que S. Gregorio Magno tinha introduzido nos Conventos e nas Cathedrais pelos annos 600, naõ havia mais tempo, que para satisfazer a obrigaçaõ do Coro, faltando aquelle que se empregava no trabalho corporal, e nos estudos das letras sagradas e profanas: como já nestes tempos havia Conventos bem dotados com terras em Italia, Allemanha e França, sempre nelles se conserváraõ as Escolas e

---

(1) *In arcana Historia*, pag. 113.

(2) Tom. 3.

(3) *Traité des Ecoles Episcopales & Ecclésiastiques*, par Claude Joly, Paris, 1678. ibi, pag. 92, & 112 & 113.

(4) Escrita por este Patriarcha, no anno 530.

persistiraõ na Ordem de S. Bento, até ao anno 1337;
e neste mesmo, o Papa Benedicto xii lhes prohibio que
ensinassem; ordenando somente que os Frades estudassem a Philosophia e a Theologia (1).

No seculo viii começou a Ordem dos Conegos de
S. Chrodegang; viviaõ nos seos cabidos do mesmo
modo que os Frades nos seos Conventos; ensinavam
publicamente a Grammatica, a Rhetorica, a Arithmetica,
a Musica, a Geometria e a Astronomia; mas com tam
pouco conhecimento da verdadeyra sciencia, que passaõ
estes tempos por barbaros, e os mais depravados nos
costumes (2).

Nos Capitularios de Carlos Magno (3), decretados no
anno 787, se ordena que se erigissem Escolas de ler
para os meninos; e que em cada Mosteyro, e em cada
Sé houvessem Mestres que ensinassem a Grammatica,
o Canto Gregoriano e a Arithmetica; esta ley naõ era
mais que para obrigar aos Bispos, e aos Prelados dos
Conventos, a observar pontualmente o costume que
tinhaõ de ensinar naõ só as artes referidas neste Ca-
pitulario, mas taõbem a Theologia e o Direito Canonico.
Do referido vemos claramente que até o ix seculo somente se ensinaraõ nos Mosteyros e nas Sés a Grammatica, a Arithmetica, o Canto Gregoriano, a Rhetorica,
a Dialectica, a Theologia e o Direito Canonico; que os
Mestres eraõ unicamente os Frades e os Ecclesiasticos,

_____

(1) Joly, ibi, cap. xxi.

(2) *Discours sur l'Histoire Ecclés.* de M. l'abbé de Fleury. Discours iii.

(3) Apud Joly, *Traité des Ecoles Episcopales*, cap. 18.

e que naõ havia Escola algũa onde ensinassem os Seculares. Desde o anno 5oo, quando toda a Europa se desvastava em guerras continuas pelas barbaras Naçoens do Norte e os Sarracenos, nenhum Principe tinha outra mayor necessidade do que ter um exercito potente para resistir a taõ poderosos inimigos. Nenhum Secular tinha tempo de applicarse ás letras, e eraõ raros naquelles tempos os que sabiaõ ler, ou escrever: foi preciso aos Ecclesiasticos applicaremse ás letras, naõ só para ensinar a Religiaõ Christaâ, mas taõbem para servirem aquelles Estados, que todos por necessidade vieraõ a ser militares. Necessitavaõ os Principes de Ministros de Estado, de Embaxadores, e de Medicos; necessitavaõ os povos de Juizes, de Advogados, de Notarios publicos, só nos Conventos e nos Cabidos achavaõ as pessoas que podiaõ exercitar estes cargos. Naõ nos devemos admirar que os Frades e os mais Ecclesiasticos servissem estes empregos meramente seculares, considerando a ignorancia daquelles tempos, causada pela irrupçaõ de tantas Naçoens barbaras e conquistadoras de toda a Europa.

§.

Reflexoens sobre as Escolas Ecclesiasticas

Louvemos e admiremos, Illustrissimo Senhor, a real disposiçaõ de S. Majestade, que Deos guarde, de supprimir as Escolas que estavaõ no poder dos Ecclesiasticos Regulares: alegremonos e reupliquemos os nossos ardentes e amorosos votos pela sua conservaçaõ, quando temos nelle hum taõ amoroso Pay como Senhor providente no nosso bem e do nosso augmento.

Tem visto V. Illustrissima que as Escolas ecclesiasticas foraõ somente instituidas para ensinar a doutrina Christaâ, a saber os Mysterios da Fé, expressados nas sagradas Escrituras e nos Sanctos Padres. Todo o fim, e todo o cuidado daquelles primeiros Mestres, era de formarem hum perfeito Christaõ, e naõ pensavaõ ensinar aos seos discipulos aquelles conhecimentos necessarios para viver no Estado civil, ou para o servir nos seos cargos: Estavaõ aquelles piedosos Christaõs taõ fóra de servir a Republica, que tinhaõ entaõ por peccado assentar praça de soldado, ou ser Juiz para julgar cauzas Civis ou de Crime. Governáraõ os Santos Apostolos, e os Bispos seus sucessores as suas Igrejas, ou as Congregaçoens de Fieis; como se governáraõ depois os Conventos dos Frades; todos uniformes na Santa Fé, todos unidos pela caridade Christaâ; e se havia algum entre elles que se naõ conformava á santa doutrina que professava a Congregaçaõ, lhe negavaõ os Santos Sacramentos, e lhe impediaõ assistir aos Officios Divinos. Assim viveraõ estes Christaõs nos primeiros tres seculos da Christandade, hũas vezes tolerados com clemencia pelo Estado dominante, outras vezes com crueldade pelos Principes tyranos; mas sempre foraõ obedecidos, e venerados, a pezar de sua tyrania; porque lhes pagavaõ os tributos como devidos, e executavaõ as suas leys como fieis, e obedientes Subditos. Seria naquelles tempos peccado que os Bispos ou Prelados pensassem a possuir bens de raiz, a ter jurisdiçaõ temporal sobre os leigos, e a servir cargos da Republica. Repouzavaõ no governo politico que os defendia das invasoens dos inimigos do Estado; porque tinhaõ por peccado pertencerlhe para o sirvirem; estando todos dedicados a servir somente de todo o coraçaõ, e com todas as suas forças, a seu Divino Mestre Nosso Senhor Jesus Christo.

Mas logo que o Emperador Constantino Magno abraçou o Christianismo; logo que mandou fechar os templos da idolatria, izentar os Ecclesiasticos de servir cargos da Republica, e ao mesmo tempo dar jurisdiçaõ aos Bispos de julgar cauzas Civis, e de serem sem apellaçaõ as suas sentenças, immediatamente sahiraõ os Christaõs Seculares e Ecclesiasticos, daquella santidade de vida, e para fallarmos ao modo dos nossos tempos, pode-se dizer, que os Christaõs do tempo de Constantino voltáraõ para o seculo: porque pelas doaçoens que faziaõ ás Igrejas e aos Conventos, ja tinhaõ bens moveis, e de raiz; ja serviaõ cargos Civis e militares; ja eraõ reputados por Subditos para servirem a sua patria.

Mas o que he digno de reparo nesta mudança de vida, he que naõ mudáraõ nem adiantáraõ o ensino das Escolas que tinhaõ antes de Constantino; e que adiantáraõ com excesso aquella incumbencia de ensinar, e de corregir os costumes; o que veremos abayxo. Parece que os Ecclesiasticos, Mestres das Escolas no tempo deste Emperador, eraõ obrigados a ensinar as obrigaçoens com que nascem todos os Subditos antes de ser Christaõs: porque logo que por ley do Imperio a Religiaõ Christaã era a dominante, logo que os Christaõs eraõ obrigados a concorrer com os seos bens, ou com as suas pessoas, a servir a sua patria; parece era da obrigaçaõ daquelles Mestres educalos com tais principios, que satisfizessem á obrigaçaõ com que naceraõ, e á obrigaçaõ que contrahiraõ, quando se bautizaraõ. Ja as Escolas do Gentilismo pela mayor parte estavaõ extinctas: ja naõ havia outras mais que as dos Ecclesiasticos; e se nestas a Mocidade naõ fosse educada para aprender o que havia de obrar pelo resto da vida, ficava destituida de todos os fundamentos para viver como bom Cidadaõ e como bom Christaõ.

Mas que fizeraõ os mestres das Escolas nos Mosteyros, e nos Cabidos das Sés? Naõ ensináraõ outra doutrina, nem outros conhecimentos, que aquelles que contribuiaõ para fazer hum bom Christaõ, ou hum bom Ecclesiastico.

E que fizeraõ os Bispos auctorizados ja a governar e a reger os costumes? Extenderaõ este poder naõ só dentro dos seos Cabidos e das suas Igrejas, mas ainda dentro de todas as cidades e aldeas, obrigando a viver como viviaõ os Christaõs dentro dos Conventos, ou naquellas Congregaçoens da primeira Christandade das quais dissemos assima a sua constituiçaõ e governo.

De tal modo que os Ecclesiasticos quizeraõ governar e governáraõ o Estado civil, pelas regras e pelas constituçoens dos Conventos e das Cathedrais, onde se vivia em communidade; onde os bens temporais eraõ em commum, onde as vontades e as opinioens tanto nas couzas celestes, como nas mundanas, eraõ e deviaõ ser conformes, poisque todos viviaõ debaixo da regra, e do mando de hum Prelado.

Mas o que deu mayor movimento a estas disposiçoens ecclesiasticas, foraõ as leis referidas assima de Constantino Magno. Este pio Emperador poz em execuçaõ, como taõbem seus sucessores, Que o Estado civil fosse regido e governado pelas regras e constituiçoens dos Conventos e dos Cabidos; abrogando e derogando ao mesmo tempo as leis civis, e as politicas do Imperio Romano, como vimos assima, abolindo o cargo de Censor, do qual se apoderáraõ os Bispos: derogando ao cargo de Pretor, ou Chanceller Mor, o poder de dar alforria aos Escravos, e que as sentenças dos Bispos fossem sem apellaçaõ; abolindo a natureza das couzas que haõ de servir ao Estado em todo o tempo; dando immunidades aos Subditos delle, e aos seos bens de raiz, para naõ servirem, nem pagarem os tributos, sem os quais naõ se póde conservar hũa Republica.

Ainda que muitas cauzas concorreraõ para a destruiçaõ do Imperio Romano, he evidente que estas disposiçoens e leys de Constantino foraõ a cauza principal. Mas ja me apercebo que vou sahindo muito do objecto deste papel que propûz a V. Illustrissima para ver o fundamento da Educaçaõ politica, que deve ter hum Estado Christaõ Catholico. E como as Universidades saõ hoje os Seminarios do Estado politico e religioso da Republica Christaâ, permita-me, V. Illustrissima, indagar a sua origem e seos objectos, e quantas circumstancias concorreraõ para que os Emperadores, Reys e Republicas fossem governadas, como saõ ainda hoje, por estas Escolas.

§.

Continúa a mesma Materia

Já que os summos Pontifices e os Bispos (1) se arrogáraõ o poder absoluto da Educaçaõ das Escolas da
Christandade, e de corregir os costumes, he preciso
que indaguemos a origem d'estes poderes: e entaõ veremos que Sua Magestade Fidelissima he o Senhor
com legitimo *Jus* de decretar leys para a Educaçaõ dos
seos leaes Subditos, naõ só nas Escolas da puericia;
mas taõbem em todas aquellas onde aprende a Mocidade. Pareceme, Illustrissimo Senhor, ser da mayor
importancia esta materia, porque ategora naõ achei
Autor que tratasse della, como necessita o *Jus* da Magestade.

A forma, a uniaõ, o vinculo do Estado civil e politico,
e o seu principal fundamento he aquelle consentimento

---

(1) Decretalium lib. v. tit. 33. de Privilegiis Cap. *super specula.*
«Sane licet Sancta Ecclesia legum secularium non respuat *famu-
latum*... firmiter interdicimus & districtius inhibemus, ne Parisiis,
vel in civitatibus, seu aliis locis vicinis, quisquam docere vel audire
jus *civile præsumat.*» Gregor. ix. Præfat. lib. i, Decretal. «Volentes
igitur ut hac tantum compilatione *Universi utantur in Judiciis &
in Scholis*, districtius prohibemus, ne quis *præsumat aliam facere
absque autoritate Sedis* Apostolicæ speciali».

E o Papa Joam xxii. no anno 1316 no Prefacio ás Clementinas,
feitas para a Universidade de Bolonha, dis «Universitati vestræ
per Apostolica Scripta mandantes, quatenus eas promptu affectu
suscipiatis, & studio alacri, eis, sic vobis, manifestatis, & cognitis,
usuri de cætero in *Judictis*, & in Scholis.»

dos Povos a obedecer e servir com as suas pessoas e bens ao Soberano; ou que este consentimento seja reciproco, ou que seja tacito ou declarado, sempre forma hum Estado, ou Monarchico, ou Republicano.

Mas o que constitue ser o Estado hum ajuntamento, ou corpo civil e sagrado, he o *juramento de fidelidade* mutuo entre o Soberano e os Subditos, tacita ou declaradamente. No acto desta convençaõ invocaõ os contractantes deste pacto ou contracto, a *Divindade* que mais veneraõ por *testemunha e cauçam*, que haõ de executar o que prometem; sujeitandose ao premio ou ao castigo, conforme o comprirem.

D'aqui vem que todos os Estados Soberanos estaõ formados por invocaçaõ daquella Divindade, que mais veneravaõ os Povos e o Soberano (1).

Daqui vem chamarse o Estado, sacrosanto, e cousa sagrada.

Daqui procede que nenhum estado civil pode formarse, nem existir em seu vigor, sem hũa Religiaõ, e sem observarse o sagrado do juramento.

Eu bem sei que nas Monarchias, que se fundáraõ conquistando, naõ entreveyo nellas aquelle consentimento mutuo, nem juramento de fidelidade, no instante que se formáraõ pela força da espada. Mas logo que o Conquistador quizer conservar a sua conquista, he necessario decretar leys; he necessario que elle dê a conhecer aos povos Conquistados, que viverâõ mais felizes no presente governo, que no passado; os povos consentem tacita ou declaradamente, daõ juramento

(1) Concilio de Trento, Sess. **xxv.** de Reformat. Cap. **11.**

para exercitar os cargos daquelle Estado, e deste modo o Conquistador e os Conquistados, cada qual por seu interesse proprio, convem reciprocamente; o Soberano, de os conservar, e os Subditos, de obedecer, invocando a Divindade por cauçaõ e testemunha da convençaõ que celebraõ.

Quando os Portuguezes no campo de Ourique acclamaraõ Dom Affonso Henriques por seu Rey; quando em Coimbra acclamaraõ o Mestre de Avis por Rey de Portugal, tacita ou declaradamente, lhes deraõ todos *Juramento de Fidelidade,* invocando o Summo Deos como testemunho e cauçaõ que lhes obedeceriaõ e serviriaõ com suas pessoas e bens, com tanto que estes Reis os governassem e defendessem, e que vivessem mais felizes, que no Estado precedente.

Deste modo taõ livre e taõ excellente, ficou o Estado de Portugal formado: os seos Soberanos naõ conhecem superior, mais do que a Divindade suprema, que invocáraõ no acto do juramento de fidelidade, que lhe prometiaõ os seos povos, prometendo tacita ou declaradamente, de governa-los de tal modo que fossem mais felizes do que antes eraõ.

Daqui provem o sagrado do Estado, porque foi formado com invocaçaõ do Altissimo como testemunha e como cauçaõ dos juramentos reciprocos.

Daqui vem, o supremo poder dos nossos Reis, que tem em si vinculadas todas as jurisdiçoens do primeiro General, que pode dar juramento, levantalo, alistar tropas, e licencealas, &c. tem a jurisdiçaõ de primeiro Juiz, pode condenar a penas pecuniarias, exilio, e de vida e morte: he o primeiro Védor da fazenda do Estado, pode cunhar moeda, fazer todas as leys que achar saõ necessarias para promover toda a sorte de agricultura, comercio e industria: he o primeiro pay e conservador dos seos Estados; he o Senhor de decretar todas as leis que achar necessarias para a conservaçaõ e augmento dos seos dominios; fundando estabelecimentos para formar toda a sorte de Subditos na Educaçaõ da mocidade, nas artes liberaes e mecanicas, nas sciencias necessarias no tempo da paz, e da guerra, &c.

Está taõbem incluido no *Jus* da Magestade aquelle supremo cargo de primeiro Mestre ou de primeiro Sacerdote da Religiaõ natural, desde aquelle instante que se formou o seu Estado civil e politico pelo juramento.

Naõ se offenderá, V. Illustrissima, deste attributo, que dou aos Monarchas Christaõs Catholicos: todos se convenceraõ facilmente do que affirmo, quando pensarem que as duas leis mais irrefragaveis de qualquer Estado assim formado, saõ as seguintes.

«Que a conservaçaõ do Estado civil he a primeira e a principal ley».

«Que cada subdito está obrigado a obrar com os outros, como elle quizera que obrassem como elle».

Em quanto os homens viviaõ como feras, e como vivem ainda hoje muitos povos da America e da Affrica, o mais esforçado, e o mais valente era o que caçando e matando, tinha o mayor dominio; porque estes homens, ou viviaõ e vivem da caça, ou dos frutos, conchas, peyxes da borda do mar: e o mais experimentado seria, e he ainda hoje, o maioral daquelles ranchos. Ja se sabe que a mayor parte destes povos vivem sem nenhum conhecimento da Divindade, como na Ilha de S. Lou-

renço, e em outros muitos lugares do mundo habi-
tado.

Mas tanto que os homens se ajuntáraõ por pacto e
consentimento mutuo de se ajudarem e soccorrerem entre
si, ja nem o mais valente, nem o mais ouzado, ha de
ser o primeiro. Porque os homens no ponto daquelle
contracto mutuo depuseraõ no poder e na disposiçaõ
do Soberano ou Mayoral, todas as acçoens voluntarias
que obravaõ antes que se ajuntassem em Sociedade;
depuseraõ nas suas maõs aquelle poder que tinhaõ de
matar, de furtar, e todas aquellas acçoens que seriaõ
nocivas, e destruidoras da Sociedade.

Ficou entaõ em deposito na maõ do Soberano aquelle
poder dos Subditos para obrar acçoens exteriores; ficou
á sua disposiçaõ regralas por leis, prevenir que se naõ
cometesse insulto que alterasse ou corrompesse a uniaõ
e harmonia que deve Reynar no Estado Civil; ficou no
seu poder castigalas como achasse conveniente para a
sua conservaçaõ.

Duas couzas ficáraõ somente no poder dos Subditos,
mesmo naquelle instante que deraõ juramento de fidelidade ao seu Soberano.

A primeira: a Propriedade dos seus bens, com obrigaçaõ tacita ou declarada, que parte da sua renda seria
para sustentar o Estado.

A segunda: Aquella liberdade interior de querer, naõ
querer, amar, aborrecer, julgar, ou naõ julgar, ver, ou
naõ ver: que saõ as acçoens interiores que passaõ dentro
de nós, e que se naõ mostraõ por acçoens exteriores,
que todo o mundo possa observar visivelmente.

Deste estado da Sociedade civil, assim formado, resultáraõ logo a *igualdade* entre todos os Subditos, e a *subordinaçam* aos magistrados.

Porque todos os Subditos, em quanto Subditos, em quanto estaõ ligados por aquelle juramento de fidelidade, todos saõ iguais; e a maior ruina de hum Estado, he que entre elles haja diversidade, huns com obrigaçaõ de obedecer, e outros absolutos; huns sujeitos ás justiças, e outros sem nenhum Imperio (1).

Como o Principe Soberano naõ pode exercitar todos os cargos dos seos exercitos, e das suas armadas; como naõ pode julgar todos os processos e demandas; como he impossivel a pessoa humana comprir com todos os cargos que requer a fazenda Real e os tributos para sustento do Estado, o que faz he dar estas varias incumbencias áquelles Subditos que forem mais capazes de as exercitar, e comprir. Assim que cada hum destes é condecorado com parte, ou porçaõ do Poder da Magestade.

Daqui vem que toda a distinçaõ, subordinaçaõ, preeminencia que houver entre os Subditos, provem somente do *Jus* da Magestade. Aquella distinçaõ de Nobreza, e da Fidalguia, provem somente do Poder do Soberano, e naõ da ascendencia, nem da geraçaõ: porque todos os Subditos pelo juramento de fidelidade saõ iguais, como fica demonstrado.

---

(1) Plataõ lib. v. de Republica.

§.

Idéa das Obrigaçoens da Vida Civil, e do Vinculo da mesma Sociedade

Ja vimos o Estado Civil formado *pelo juramento de fidelidade,* ja vimos que o Soberano, como alma, e superior intelligencia deste corpo civil, era aquelle que moderava, que movia, e retinha as acçoens delle para a sua conservaçaõ, e seu augmento; auctorizado com o poder de todas as acçoens exteriores dos Subditos, de fintalos naquella parte dos seos *proprios* bens para conservaçaõ do Estado, de obrigalos a servir pessoalmente para o mesmo fim, e por ultimo a nomear os Subditos mais capazes para executarem as varias obrigaçoens da Magestade.

Ponhamos agora em exercicio esta Sociedade Civil, este Reyno, esta Republica, assim formada e unida; mandemo-la apparecer em hũa feyra, ou em hũa praça. Huns trariaõ ali fazendas a vender, outros para trocar, ou comprar: Huns quereriaõ comprar hum campo, hũa caza, fretar hum navio: outros quereriaõ buscar hum Amo: era necessario que cada hũa destas pessoas fallassem em hũa lingoa, para se entenderem; e que cada hum que procurava sua utilidade estivesse persuadido que o que adquiria neste trato lhe pertencia em propriedade. Ali seria necessaria a *affabilidade, a verdade, a fé, a pontualidade;* o ouvir facilmente, o responder com agrado; a cada hum era necessaria hũa certa igualdade; em fim todas aquellas qualidades, e virtudes civis que saõ necessarias para o trato, e para o comercio da vida, sem o qual naõ pode subsistir o vigor de hũa Republica.

Supponhamos que todos os que appareceraõ nesta feira ou praça, que conservavaõ ainda aquelles costumes silvestres, duros, e barbaros; que em lugar de contractar, que roubassem; que em lugar de persuadir com razoens, que pelejassem, se debatessem, ou ferissem; que allegassem, que por serem filhos de fulano, e fulano que naõ deviaõ pagar pelo que compravaõ; que por pertencerem a certo Senhor, que podiaõ tomar o que lhes agradasse: ja toda a Sociedade, ja toda a feyra se revolveria, e acabaria por desordem e confuzaõ.

Deste tosco retrato da vida civil posta em acçaõ, se vê claramente, que para a conservaçaõ de cada qual, lhe saõ necessarios tais habitos, e tais virtudes, que dependaõ do principio seguinte.

«Todas as acçoens que naõ forem uteis a si, e ao Estado, e ao mesmo tempo que naõ forem decentes, saõ viciosas, destruidoras da conservaçaõ propria, e por consequencia da vida civil».

Todas as leis que decretar o mais excelente Legislador, todo o trabalho e industria de cada particular, se naõ levar a *utilidade* por ultimo fim, vem a ser a destruiçaõ do Subdito, e do mesmo Estado: assim que a utilidade publica e particular vem a ser o vinculo e alma da vida civil(1); esta utilidade deve ser sempre acompanhada com a *decencia,* que he aquella virtude

_____

(1) Atque ipsa utilitas justi prope mater & æqui. *Horat. I. Sermon.* 3. v. 98.

que modera os excessos, ainda aquelles da mesma virtude, por que de outro modo seria vicio.

Em quanto as Republicas da Grecia e a Romana, conserváraõ as virtudes referidas com a *frugalidade*, a *fé* particular, e *publica* nos Tratados; o *respeito*, e a *observancia* do *juramento* de *fidelidade*; a *verdade*, a *sinceridade*, a *constancia*, e aquela *subordinaçam* admiravel entre os Subditos, e os Magistrados sempre se conservaraõ potentes, e conquistaraõ seos inimigos com gloria.

Ainda que tinhaõ Religiaõ, e mui varias sortes de Sacerdotes adorando muitas Divindades, estes Ministros Gentios naõ tinhaõ incumbencia algũa de ensinarem as virtudes referidas, nem o minimo cuidado da consciencia: S. Augustinho, e Lactancio Firmiano (1) o affirmaõ claramente: o seu officio era declarar aos povos os dias de festa, celebrarem os seos sacrificios, presidirem nas procissoens, e mais spectaculos publicos, em jantares, em danças, e outras acçoens, que todas eraõ exteriores; somente os Philosophos, e os mais velhos tinhaõ este cuidado, como lemos nas obras de Marco Aurelio.

De tudo o referido se vê claramente que he do *jus* da Magestade fomentar e promover a *utilidade publica*

---

(1) *De civitate Dei lib.* ii. cap. vi. «Alii religionis antistites per quos sapere non aditur, apparet, nec illam esse veram sapientiam, nec hanc veram Religionem».

Lactant. lib. v *Divin. Institit.* cap. iii. n.º 1. «Nihil ibi definitur quod proficiat ad mores excolendos, vitamque formandam; nec habet inquisitionem aliquam veritatis, sed tantummodo *ritum colendi*, qui non officio mentis, sed ministerio corporis constat».

e particular, com *decencia*; e que nenhũa requer maior attençaõ no animo do Soberano, do que a *Educaçam da Mocidade,* que deve toda empregar-se no conhecimento, e na practica das virtudes sociaveis referidas, e em todos os conhecimentos necessarios para servir a sua patria. Mas antes de entrar no plano d'esta educaçaõ, satisfaremos o promettido assima, que he mostrar mais circumstanciadamente.

§.

A Constituçam Fundamental da Sociedade Christaâ

Eu sei que os livros, que tratam da Origem do poder Ecclesiastico, como saõ as obras do Abbade de Fleury, de Gianoni, Natal Alexandre e outros mais, saõ prohibidos pela Inquisiçaõ; que o Direito Canonico, que se contem no Decreto, Decretais, Sexto, e Clementinas, se ensina, e se crê como de fé nas Universidades, e que quasi todos aquelles que estaõ empregados nos cargos publicos tomaraõ o seu gráo n'aquella Faculdade; e que todos aquelles que o tomaõ na Universidade de Coimbra, que juraõ defenderáõ as leis d'ella, que saõ as Ecclesiasticas: bem sei que se acháraõ muitos Graduados em Portugal, tanto Ministros Seculares, como Ecclesiasticos, levados do ensino que tiveraõ em Coimbra, e da lectura do Direito Canonico, e Concilio de Trento, que duvidáraõ se S. Magestade tem poder para ordenar Escolas, e Universidades; porque esta materia dependia ategora dos Bispos, e do Summo Pontifice. Considere V. Illustrissima, que bem executadas seraõ as Ordens de S. Magestade ordenadas pelo Alvará re-

ferido, se esta sorte de Doutores forem os executores?
Bem vê V. Illustrissima ja as consequencias, e taõbem
a indispensavel obrigaçaõ que tenho de tratar com
clareza, da origem do *Poder dos Ecclesiasticos*, que se
arrogáraõ fundar as Escolas, as Universidades, como
taõbem a correçaõ dos costumes.

Deos seja louvado que me chegou ainda a tempo que
os PP. da Companhia de Jesus, naõ saõ ja Confessores
nem Mestres; porque se conservassem ainda aquella
acquisiçaõ, taõ antiga, nenhũa das verdades, que se
leráõ neste papel poderiaõ ser caracterizadas com outro
titulo, que de herezias! A Deos sejaõ dadas as graças,
que pela infatigavel providencia de S. Magestade, todos
estes obstaculos se dissipáraõ, e que como no tempo
de Nerva posso dizer com Tacito: «Rara temporum
felicitate, ubi sentire quæ velis, & quæ sentias dicere
licet» (1).

§.

Continúa a mesma materia

O Fundamento da Religiaõ Christaã, he aquella charidade, aquelle amor do proximo que obriga por pre-
ceito divino, nam só a perdoar as offensas, mas ainda
soccorrer e fazer bem a quem offendeo. He certissimo
que a Igreja fundada por Christo, e os seos Apostolos
tem jurisdiçaõ sobre as consciencias, sobre todas as
acçoens mentais, do mesmo modo que a jurisdiçaõ civil
tem todo o poder sobre todas as acçoens exteriores humanas. Esta sagrada jurisdiçaõ deu Christo aos seos

---

(1) *Histor.* lib. 1, cap. 1.

Apostolos, dizendo-lhes (1): *Andai e ensinai todas as Naçoens, e tambem as bautizareis en nome do Padre, do Filho e do Espirito Santo, ensinandoas a observar tudo o que vos ordenei.* Vé-se claramente que toda a jurisdiçaõ que Christo deu á sua Igreja, se reduz a ensinar os preceitos do seu Evangelho, e a administrar os Sacramentos, incluindose todos na base delles, que he o bautismo. Mas esta jurisdiçaõ toda se redûz aos bens espirituais, á graça, á santificaçaõ das almas, e á vida eterna; porque Christo declarou elle mesmo que o seu Imperio nam era deste mundo, nem sobre as acçoens exteriores dos homens. Recuzou ser arbitro entre dois Irmaõs que queriaõ repartir a sua herança, dizendo: *E quem me autorizou a mim para vos julgar* (2). *Deu tambem auctoridade aos Apostolos de absolver os peccados, e de negar a absolviçam aos peccadores impenitentes* (3).

Esta he a base e o fundamento essencial da Religiaõ Christaã. Se os Ecclesiasticos conservassem esta santa doutrina, se considerassem que o seu poder se reduzia todo dentro da Igreja sobre os Fieis que espontaneamente queriaõ participar aos Mysterios divinos, jamais pensariaõ castigalos com penas corporais, como se tivessem cometido crimes contra o Estado civil: disproporcionando o castigo, contra o que Christo e os seus

---

(1) *Math.* 27, v. 18. Data est mihi omnis potestas, in cælo & in terra: Euntes ergo, docete omnes gentes, baptizantes in N. P. & F. & S. S. docentes eos servare omnia quæcumque mandavi vobis.

(2) *Joann.* xviii, v. 36. e *Luc.* xii. 14.

(3) *Matth.* xviii. v. 18.

Apostolos ensináraõ taõ clara e taõ evidentemente: confundiraõ os peccados do Christaõ com os crimes do Subdito: os peccados de Christaõ saõ culpas mentais contra a fé, contra a esperança e contra a charidade christaã, que Christo ordenou se castigassem sómente com penas espirituais, isto he a penitencia ecclesiastica ou a privaçaõ da Congregaçaõ Christaã e divinos Mysterios: estas acçoens peccaminosas saõ mentais, e o seu castigo ha de ser espiritual. Pelo contrario os crimes do Subdito do Estado civil saõ acções exteriores, como matar e roubar, saõ acçoens que perturbaõ o vinculo do Estado civil, e o castigo proporcionado ha de ser nos bens, na honra e na vida. Mas esta santa policia ecclesiastica logo se alterou tanto, que Constantino Magno e os seos successores deraõ jurisdiçaõ aos Bispos, e dotáraõ as Igrejas com bens moveis e de raiz: tanto que lhes concederaõ ensinar publicamente nas escolas do Estado, logo tomáraõ a si a reforma dos costumes da Republica, e todo o ensino da Mocidade.

Mas quem dissera no principio do IV seculo que do *Sacramento da penitencia* havia de sahir aquelle poder dos Ecclesiasticos que fundáraõ pouco a pouco até o seculo XII hũa Monarchia dentro do Estado civil? Quem pensaria entaõ que do mesmo *Santo Sacramento* haviaõ de sahir os abuzos das *Indulgencias,* as *Romarias,* as *Cruzadas,* para conquistar a Terra Santa, as *Ordens Militares,* os *desterros, excommunhoens,* com aquellas terriveis clauzulas, *confiscaçam de bens, incapacidade* de servir *cargo publico,* nota de *infamia, prizam, relaxar ao braço* ecclesiastico? Mas qual seria a causa porque os Principes consentiraõ a tanta usurpaçaõ da sua auctoridade e jurisdiçaõ?

Permitame V. Illustrissima, indagar com algum cuidado, as cauzas de taõ notaveis alteraçoens no Estado civil e na policia Eccleslastica desde o seculo iv até o xii porque me parece necessario estejaõ informados d'ellas naõ só aquelles que haõ-de executar as Ordens de S. Majestade em consequencia do seu Alvará sobre os Estudos, mas taõbem os que haõ de estudar o que n'elle se ordena.

Todos confessaõ pellos monumentos que temos na historia, que o Imperio Romano foi subjugado e despedaçado pelas Naçoens Barbaras do Norte, e que destes destroços se formáraõ as Republicas de Italia, e as Monarchias de França e Espanha. A politica destas Naçoens, antes da Conquista, e depois que fundáraõ os seos Estados, se reduzia a premiar o mais *valente* e o mais *ouzado* com os primeiros cargos do exercito, com propriedades de terras, e com as primeiras honras daquellas Monarchias; estas Naçoens por natureza caçadoras, viviaõ do roubo e de rapina; naõ conheciaõ a agricultura, o comercio, as artes, nem as sciencias como base do Estado civil: estas Monarchias se governavaõ como hum exercito sempre acampado, prompto para acometter, subjugar e conquistar, porque a sua conservaçaõ e o seu augmento dependia do que conquistavaõ sobre as Naçoens vencidas, que eraõ aquellas que dependiaõ do Imperio Romano: assim a *valentia* e o *esforço*, era a sua base fundamental. Todas as suas leis e costumes tendiaõ para conservar e augmentar aquella *força* e aquella *ouzadia,* para vencer e conquistar.

Depois de feita a conquista, tinhaõ seos concelhos gerais que chamavaõ *Parlamentos,* que em Espanha se chamáraõ *Cortes,* nas quais tinhaõ assento os Generais e os Officiais da primeira distinçaõ. Ali se repartiaõ as terras, as Provincias, as Comarcas, as Cidades, e as Villas, com os seos termos, pelo Monarcha e pelos Generais. Pelas leis decretadas n'aquellas Cortes, ao Senhor da terra ou Cidade se dava poder soberano nos povos que a habitavaõ: tinhaõ a *Jurisdiçam* de vida e morte, na honra e nos bens; de tal modo que ficava despido o Monarcha de toda a Jurisdiçaõ que devia ter naquelles Subditos; que vemos ainda hoje em França de algum modo, e em Castella e Portugal ainda se conserva o nome *Senhor de baraço e cutello.*

Davaõ estas Cortes aquellas terras em *Feudo,* que quer dizer que o Possuidor seria obrigado em tempo de guerra vir em pessoa á servir com os seos villoens no numero, á proporçaõ das terras de que era Senhor: sómente os descendentes Varoens depois de fazer nova omenagem ou obediencia, podiaõ possuir estas terras. Ellas eraõ consideradas pertencerem ao Estado; e pagavaõ somente no serviço da guerra; e nenhũa outra decima, peita, nem sisa pagavaõ ao Monarcha, nem ao Estado. A nossa Ley Mental teve aqui a sua origem: só permittia possuirem as terras da Coroa, aquelles que podiaõ servir na guerra; depois por graça e favor dos Reys, veyo o sexo a gozar destes dons da Coroa, como os Varoens. Os Bispos e os Prelados os possuem hoje sem irem á guerra, como hiaõ até o anno 1400; e ainda naõ pagaõ couza algũa estas terras ao Estado.

Os costumes destes Imperios Godos todos se reduziaõ

a fazer o corpo robusto pela caça, por escaramuças, alcancias, torneos e justas, festas onde a ambiçaõ de ser applaudido pelo sexo teve muita parte: naõ necessitava a constituiçaõ do Imperio simplesmente militar, naquelles tempos sem polvora, e sem fortificaçoens regulares, de outra sciencia, mais do que do *valor* e da *força*; e para adquirir estas qualidades se empregava toda a Mocidade: naõ sabiaõ ler nem escrever, e desprezavaõ todas as sciencias: as superstiçoens, os agouros, os vaós prognosticos da Astrologia, como prosapia legitima da ignorancia, occupava geralmenie os animos do povo e da Nobreza, apezar de tantos Concilios que prohibiraõ todos estes abusos.

He hoje maxima incontestavel «que os bons ou maos costumes de hũa Naçaõ, a sua sciencia e valor dependem das leis da Monarchia, do trato e do emprego dos Grandes, e da Corte que os domina». Muitos destes Monarchas, logo no principio da conquista do Imperio Romano, abraçaraõ a Religiaõ Christaã; pelo discurso do tempo todas estas Naçoens Barbaras, que ou eraõ Gentias, ou infectadas com a heresia de Arius, vieraõ Christaãs Catholicas; como dominavaõ e governavaõ aos Christaõs antigos, entravaõ a possuir os cargos da Igreja, sem repugnancia dos Bispos; todos eraõ Christaõs, e hum Bispo Godo ou Clerigo, era de taõ bom sangue, como um Italiano ou Castelhano. Mas os Bispos, os Clerigos e os povos conquistados tomáraõ os costumes dos Monarchas e dos Grandes daquellas Monarchias. Os Bispos tiveraõ taõbem terras do Estado em lotaçaõ, e taõbem muitos Prelados de Conventos; tinhaõ a jurisdiçaõ ou mero Imperio, sobre os seos villoens, do mesmo modo que a tinhaõ os Nobres: tinhaõ taõbem assento em *Cortes* porque eraõ Senhores de terras e souberaõ nellas adquirir o primeiro assento; vieraõ Condes e Duques, como se vé hoje em Allemanha, e no Conde d'Arganil Bispo de Coimbra; vieraõ os Bispos e os Prelados Guerreyros, porque aceitavaõ os Senhorios com essa condiçaõ de servir pessoalmente na guerra com os seos villoens, o que compriraõ até anno 1400; as suas terras naõ pagavaõ couza algũa ao Estado, naõ porque pertenciaõ á Igreja; mas porque eraõ dadas com obrigaçaõ de servir na guerra o Possuidor, do mesmo modo que os Senhores Seculares as possuiaõ. Vieraõ os Bispos e os Prelados caçadores, dissipadores, banqueteando, sustentando Cavallos, conservando numerosa familia; e como lhes era preciso fazer frequentes jornadas, hũas vezes para assistir nas *Cortes,* outras nos Concilios, que até o anno 800 se celebravaõ cada anno, e as vezes duas, no mesmo espaço de tempo conforme o primeiro Concilio de Nicea no principio do IV seculo, á tal excesso dissipáraõ os bens da Igreja que tinhaõ em feudo, ou por esta obrigaçaõ de fazer jornadas, ou pela vida dissoluta militar, que foi prohibido por Concilios que os bens da Igreja fossem inalienaveis, e desta origem he que veyo aquelle destrutivo invento para o Estado de se estabelecerem os *Morgados,* cujas terras applicadas a hũa capella saõ inalienaveis, como as dos Cabidos e dos Conventos.

A *ignorancia* destes Monarchas na politica, considerando todos as Naçoens vizinhas por inimigas, e naõ conhecendo nenhum Direito das Gentes; a ignorancia dos Generais, e dos seos Conselheyros naõ conhecendo

principio algum do Estado civil, nem das obrigaçoens
da Sociedade, naõ sabendo ler, nem escrever, se espalhou pelos Ecclesiasticos; ficáraõ estes por tanto com
os conhecimentos necessarios para administrar os Sacramentos, ensinar os povos na doutrina christaã, e
ensinar nas Escolas das Sés, e dos Conventos; isto he
que sabiaõ ler, escrever; e aquella lingoa latina corrupta,
que se extendeo até o anno 1440; porque nesta se es-
creviaõ até o anno 1220 todas as resoluçoens das *Cortes,*
todos os processos, e demandas; e el Rey Dom Dinis
foi o primeyro Rey de Portugal que ordenou se pro-
cessasse em Portugues, e naõ na lingoa latina. Esta
superioridade no saber, ainda que mui limitada, com-
parada com o saber dos Reis e dos seos Grandes, valeo
aos Ecclesiasticos serem Senhores de todas as disposiçoens das Monarchias em França, Italia e Espanha,
e mais particularmente, porque tinhaõ Escolas donde
toda a Mocidade era educada. Vejamos os rodeos que
fes nestas Monarchias o viciozo circulo da ignorancia,
e naõ nos admiraremos entaõ do atrevimento que tiveraõ
os Ecclesiasticos de dominar os Reis e de depólos.

Como nestas Monarchias cada anno se celebravaõ
Cortes, e como nellas se deliberava o que era necessario
para conservalas e augmentalas; como ali se nomeavaõ
os Embayxadores; se despachavaõ as graças, se resol-
viaõ os castigos, eraõ necessarios Conselheyros, Secretarios e outros cargos que soubessem ler e escrever, e
aquellas leis e costumes que se observavaõ naquelles
Imperios. Mas entre todos os que tinhaõ assento na
quellas *Cortes,* somente os Bispos, e os Prelados,
porque sabiaõ escrever, podiaõ servir estes empregos:

daqui he que vemos aquelles Concilios de Toledo, de
Sevilha e de Milaõ, serem hũa compilaçaõ de leis civis
e ecclesiasticas; porque os Bispos eraõ os unicos que
redigiaõ por escrito estes actos; nada se fazia sem seu
parecer, e tudo se publicava e decretava pelo seu voto
e approvaçaõ (1); mas naõ somente nas *Cortes* tinhaõ o
primeiro logar e voto os Ecclesiasticos, elles eraõ os
primeiros Conselheiros nas Cortes dos Reis, os Chanceleres, os Juizes, os Medicos, os Embayxadores; os
Clerigos eraõ Secretarios, os Notarios publicos, os
Advogados; emfim tudo o que era necessario *escrever*
nestas Monarchias até o seculo xii o administravaõ e
executavaõ os Ecclesiasticos. No Concilio de Toledo
terceyro celebrado no anno 589, no tempo del Rey Re-
caredo, se ordena que os Bispos celebrem hũa vez por
anno Concilio, e que nelle assistaõ os Intendentes del
Rey, para aprenderem da boca dos Bispos, como deviaõ
governar os povos, e que elles seriaõ os Inspectores (2).

_____

(1) Quando os Reis de Portugal decretavaõ alguma ley sem
conhecimento dos Bispos, estes se queyxavaõ aos Papas, e os
summos Pontifices defendiaõ as pretensoens daquelles. Daqui
aquella concordia de el Rey D. Affonso 3.º, onde promete: «Quod
omnibus negotiis contingentibus statum bonum Regni, cum Con-
silio Prælatorum, vel aliquorum eorum procedam, qui convenienter
vocari poterunt. secundum tempus & locum, bona fide». Com
el Rey D. Joaó o I, succederaõ as mesmas queyxas, e el Rey por
huma concordia responde: «Que quando ha alguma couza grande,
que se cumpre a bom estado do Reyno, e a seu serviço, sempre
uza chamar os Prelados, &c. Vejase Gabriel Pereira de Castro *de
Manu Regia*. Lugduni 1673. fol. pag. 320 e 395: e mais concordias
dos Nossos Reis no mesmo lugar.

(2) Fleury, *Hist. Eccles.* liv. 34. n.º 56.

Como era costume d'aquelles tempos mandarem os
Reys criar seos Filhos nos Conventos dos Frades, já
se sabe que os Filhos dos Cortezoins teriaõ o mesmo
ensino e educaçaõ; e como toda a Nobreza por costume,
por vangloria, e sobre tudo por interesse, imita com
gosto, ainda os mesmos vicios dos Monarchas, bem se
pode considerar, que se reputâriaõ felizes os Nobres
que tiviessem aquella educaçaõ: já vimos assima o que
se ensinava nestas Escolas: no tempo de Carlos Magno
e de seos Filhos estava tanto em voga o Canto Gregoriano que nelle se consumia a mayor parte do tempo;
houve repetidos dezafios entre os Musicos Italianos e
Francezes (1), e naõ se desprezáraõ os Reis entrar nesta
contenda, porque a sua educaçaõ tinha sido a mayor
parte neste exercicio.

Entaõ he que vieraõ os Reis e as suas Cortes igno-
rantissimas, crueis, falsas e supersticiozas: o ensino
naõ tinha sido mais, que fazer o corpo robusto e ouzado;
e as potencias da alma embebidas somente para vene-

---

(1) Canendi artificium ecclesiasticum hoc seculo (era o oitavo)
obtinuisse, eumque pro insigni Philosopho, viroque eruditissimo
reputatum fuisse, qui optime omnium cantasset... In vita Caroli
M. narrat Monachus Engolis mensis. «Ecce orta est contentio per
dies festos Paschæ inter Cantores Romanorum & Gallorum: Di-
cebant Galli melius se cantare & pulchrius, quam Romani. Dice-
bant se Romani doctissime Cantilenas Ecclesiasticas proferre .
quæ contentio ante Dominum Regem Carolum pervenit». Non
afferemus reliqua, quibus narrat, quomodo Gallorum cantum ad
normam Gregoriani cantus reformaverit Imperator. Videndus Lau-
noius de Scholis celebrioribus, cap. 1.

Bruckerus, Histor. Critica Philosophiæ, tom. iii, p. 571 & 72,
Lipsiæ, 1743, 4.º

rarem os Ecclesiasticos que tinhaõ sido seus Mestres;
estes ja ignorantes, como vimos, ja soberbos, poisque
eraõ e que viviaõ como Senhores, já Senhores das resoluçoens das Cortes e de todas aquellas que occorriaõ
em todo o Reyno, bem podemos ver claramente a origem
de todas aquellas contendas que houve entre os Ecclesiasticos, e os Reis e Imperadores até o anno 1350.
Deploremos com o Imperador Diocleciano (1), o Estado
dos Reis que tem maos Conselheiros, mas ainda muito
mais aquelles que tiveraõ somente por Mestres os
Ecelesiasticos naquelle tempo que haviaõ de aprender
a obrigaçaõ de Rey e de Subdito.

§.

Continúa a mesma Materia

Ja os Ecclesiasticos eraõ os arbitros nos Gabinetes
dos Reis e dos Emperadores Christaõs, ja eraõ Soberanos nas *Cortes,* onde por direito da Monarchia tinhaõ
assento; ja tinhaõ jurisdiçaõ civil nos povos dos seos
Bispados (2); ja todos os Clerigos estavaõ empregados
nos cargos civis; ja tinhaõ universalmente a educaçaõ de

---

(1) Dixisse, «nihil esse difficilius quam bene imperare». Colligunt
se quatuor vel quinque, atque unum consilium ad decipiendum
Imperatorem capiunt; dicunt quid probandum sit. Imperator qui
domi clausus est, vera non novit: cogitur hoc tantum scire, quod
illi loquuntur: facit judices quos fieri non oportet, amovet, à Republica quod debebat obtinere; quid multa? ut Diocletianus ipse
dicebat; «Bonus, cautus, optimus, venditur Imperator». Hæc Dio-
cletiani verba sunt.

Flavius Vopiscus in Aureliano pag. 330. *Historia Augusta* edit·
Causabon. Parisiis, 1603, 4.º

(2) Pelo Concilio XIII, celebrado no tempo de Ervigio, no

toda a Mocidade, até os filhos dos Reis á sua conta; tinhaõ a correçaõ dos Costumes, como do seu cargo e da sua obrigaçaõ decretada, por varios Concilios Provinciais, quais saõ os de Braga, Toledo (1), Sevilha, Saragoça, e infinidade de outros celebrados em França, Inglaterra, Allemanha e Italia; mas estes Concilios naõ eraõ universais, nem serviaõ de ley na Igreja; era necessario aos Ecclesiasticos leis universais que toda a christandade venerasse, que toda a christandade temesse, e que cada christaõ, fosse castigado se as quebrantasse: ja a Monarchia Ecclesiastica estava estabelecida, mas naõ tinha leis politicas para governarse: appareceo no fim do VIII seculo Isidoro Mercator, com as suas falsas Decretais (2) que todos os Ecclesiasticos seguiraõ por verdadeyras naquelles tempos, a tal excesso que Graciano no seu *Decreto* naõ só se funda nellas, mas ainda enxirio e adiantou aquella doutrina.

Vejamos esta jurisprudencia nova desconhecida aos santos Apostolos e seos successores, até o fim do VIII seculo.

Que naõ he permittido celebrar Concilio algum sem permissaõ do Papa (3).

---

anno 681, se decretou que nenhuma Rainha viuva se podesse cazar; quazi todos os seos canones constaõ de materias temporais.

(1) No Concilio XI de Toledo, anno 675, se decretou pela primeira vez que os Bispos tivessem o poder de mandar prender, e de desterrar.

(2) Vide *Epistolarum Decretalium Isidori Mercatoris figmenta a Blondel*. Genevæ 1635, 4.º

(3) Fleury, *Hist. Eccles.*, lib. 44. n. 22, & Discours 7.

Que os Bispos naõ podiaõ ser julgados definitiva-
mente que pelo Papa somente (1).

Que naõ somente qualquer Bispo, mas todo o Clerigo,
ou Christaõ leygo, que se vio vexado por potencia alguma secular, ou ecclesiastica, póde em todas as occasioens appellar para o Papa (2).

O Decreto de Graciano adiantou mais estas prerogativas, dizendo: Que os Papas naõ estavaõ, nem deviaõ estar sometidos aos Canones da Igreja (3).

Que os Clerigos naõ podem ser julgados pelos Juizes
leygos em nenhum cazo (4).

Que o Sacramento da ordem imprime hum caracter
indelevel no Clerigo ou Sacerdote, sendo que pelos
Canones dos Apostolos (5) o Clerigo ladraõ ou man-
chado com crimes publicos, era deposto do Sacerdocio,
e ficava no estado de leygo, como qualquer Subdito do
Estado; practica da Igreja Grega até o dia de hoje.

He verdade que as referidas leis nunca foraõ conhecidas nem seguidas pelos Tribunais de França até o dia
de hoje; mas nos Dominios de Italia e das Espanhas
esta nova jurisprudencia foi abraçada e seguida nos seos
Tribunais até os nossos tempos.

Ja a Monarchia Ecclesiastica estava defendida e for-

---

(1) Fleury, *Hist. Eccles.*, lib. 44. n. 22, & Discours 7.

(2) *Ibid.*

(3) Fleury, *Hist. Eccles.*, liv. 70. n. 28.

(4) *Ibid.*

(5) Apostolorum Canon. 24. «Episcopus, aut Presbyter, aut
Diaconus in fornicatione, aut perjurio, aut furto deprehensus, de-
ponitor; non tamen a Communione excluditor. Dicit enim scri-
ptura: bis de eodem delicto vindictam non exiges».

tificada por estas leis, e os Bispos cada dia adiantavaõ esta auctoridade nos seos Bispados de mil modos; todas as cauzas onde podia haver *peccado,* todos os contractos ou Tratados de paz entre Principes, onde concorria juramento; todas as promessas ou votos, onde se podia incorrer em peccado, todas dependiaõ do Tribunal Ecclesiastico: desta origem vieraõ aquellas cauzas mixtifori que recebem e seguem as nossas Ordenaçoens (1). E deste modo ficáraõ os Tribunaes seculares, para executar o que os Ecclesiasticos sentenceavaõ (2).

Até o anno 1400, lemos na Historia Ecclesiastica e Profana tantas contendas e tantas disputas entre os Papas, e os Reis e Emperadores: se hum Rey tirava as terras a hum Bispo que tinha em *Feudo,* ou foro, porque naõ compria com a obrigaçaõ de ir a guerra; se o obrigava a pagar algum equivalente, o Bispo appellava para o Papa; o summo Pontifice ou nomeava hum Legado, ou mandava hum a *latere,* para decidir a contenda; daqui as concordias (3) sempre feitas com diminuiçaõ do Direito da Magestade. Naõ entrarei na desolaçaõ que cauzava hum Legado a *latere,* por onde passava com Comitiva de Principe sustentado, á custa dos povos, por onde passava, presenteado pelos contendores, e bem pagos exorbitantemente os seos Cancellarios. Se os Reis queriaõ defender os seos povos

---

(1) Liv. 2. tit. ix.

(2) Ibi. tit. vi.

(3) Pereyra de Castro *de Manu Regia:* tras todas as concordias feitas entre os Nossos Reis, e os Papas ali se podera ver de que modo absorbiaõ os Ecclesiasticos o Poder Real. Vejase da pag. 3i3, ate 431, da ediçaõ de Leaõ de França.

das vexaçoens das excommunhoens dos Parrochos e daquellas dos Bispos, estes appelavaõ para o Papa; nova contenda, e logo traziaõ consigo os Legados, e cada contendente da sua parte Theologos, que à força de syllogismos provavaõ que os Reis naõ tinhaõ razaõ (1), e que o summo Pontifice era o Rey dos Reis, e que lhe foraõ dadas duas Espadas, huma para julgar as cauzas espirituais, e outra para as temporais. Desta pretendida auctoridade veyo ser o Emperador Henrique IV, e nosso Rey Dom Sancho segundo chamado o Capello, deposto do throno, e os seos Subditos absolvidos do juramento de fidelidade. No anno 680 se celebrou o Concilio de Toledo XII. Nelle foi deposto el Rey Vamba por 35 Bispos, quatro Abbades e 15 Senhores. Era o costume que se hum cahia enfermo, e perdia conhecimento, deitavaõ-lhe o habito de Frade por penitencia; se vinha a si, ficava Frade; assim sucedeo a el Rey Vamba: vendose Frade declarou por successor a Ervigio, e foi reconhecido por Rey neste Concilio (2). Mas naõ acabaria taõ depressa, Illustrissimo Senhor, se quizesse abreviar o que se lé na Historia Ecclesiastica desde o seculo oitavo até o anno 1400: deyxo esta

---

(1) O Cardeal Baronius dis ao anno 1073, que no Concilio de Worms convocado pelo Emperador Henrique IV, e pelo Arçobispo de Colonia, e outros Prelados, vinhaõ acompanhados de Theologos. «Stipatus uterque magno grege Philosophorum, immo Sophistarum, quos ex diversis locis summo studio consciverant» ut Canones sibi non pro rei veritate, sed pro Episcopi voluntate interpretarentur.

(2) Fleury, *Hist. Eccl.*, liv. 40, n. 29. Mariana, *Historia de Espanha*, lib. 7, cap. 14.

materia a quem quizer ler com cuidado, *les Discours sur l'Histoire Ecclésiastique*, par M. l'Abbé de Fleury. Paris. 2 vol. *in* 8.º

§.

Como os Ecclesiasticos introduziram governar os Estados Catholicos, pelas Congregaçoens dos primeiros Christaons, e pelas Regras dos Conventos

Bem me persuado, Illustrissimo Senhor, considerando o claro juizo de V. Illustrissima que me naõ accuzará, que tomo mais a peito relatar os abuzos dos Ecclesiasticos, do que tratar da Educaçaõ Politica, que prometi no principio deste papel: porque o meu intento sendo para demonstrar que he perjudicial ao *Jus* da Magestade e ao bem do Reyno, que os Ecclesiasticos sejaõ os Mestres da Mocidade, destinada a servir a sua patria no tempo da paz e da guerra, pareceome mui necessario tratar, taõbem que assim, como os Ecclesiasticos naõ tem legitimamente poder algum nem jurisdiçaõ que no espiritual sobre os Fieis dentro da Igreja, que do mesmo modo, naõ tem auctoridade alguma para ensinar a Mocidade, que puramente na doutrina christaã: porque V. Illustrissima vio assima que a jurisdiçaõ, que Christo deu aos Apostolos foi somente espiritual; que os mandou prégar o Evangelho, isto he ensinar a doutrina christaã, e a bautizar, isto he administrar os sacramentos, com poder de ligar e desatar conforme entendessem: e que como he abuzo notorio que os Ecclesiasticos extendessem a jurisdiçaõ espiritual que lhes pertence, até suffocar e absorber quasi toda a jurisdiçaõ politica e civil, assim he abuzo, e perjuizo á Monarchia, que elles ensinem a Mocidade destinada a servir a sua patria. E para que V. Illustrissima julgue se tenho fundamento no que digo, quero em breves palabras mostrar-lhe que todo o mal que temos experimentado desde o principio da Monarchia provem: «Que os Ecclesiasticos quizeraõ, como Constantino Magno, governar os Reynos e os Imperios, pelas regras e leis das primeiras Igrejas e Conventos, que saõ puramente espirituaes; naõ attendendo ao Sagrado do Estado civil, nem á sua independencia: naõ attendendo que todo o seu poder he sobre os Christaõs, e nunca sobre os Subditos do Estado.

A principal maxima que servio aos Ecclesiasticos de extender a sua jurisdiçaõ sobre os leigos, foi a seguinte: «Que a Igreja em virtude do poder das chaves de San Pedro, tem direito de conhecer, e julgar de tudo aquillo que he peccado, para estar inteirada se deve absolver delle o peccador, ou negar-lhe a absolviçaõ: e como (continûa l'Abbé de Fleury, *Discours VII*, page 224) em qualquer contestaçaõ por interesses temporais, ordinariamente hûa das duas partes defende hûa pretençaõ injusta, e as vezes ambas ellas; e que esta injustiça he *peccado;* daqui he que conclûiaõ que pertencia esta cauza ao Tribunal Ecclesiastico: por esta maxima os Bispos vieraõ *(a ser)* os Juizes de todas as demandas e de todos os processos dos seus Bispados, e os Papas de todas as guerras entre os Soberanos; quer dizer que deste modo o Papa era o unico Soberano no mundo (1).

Isto he quererem os Ecclesiasticos governar as Mo-

---

(1) *Discours sur l'Histoire Écclesiastique*, vol. 2.º Paris, *in-8.º*

narchias pelas leis do Sacramento da Penitencia; o castigo dos peccados saõ as penitencias ecclesiasticas (1): os castigos aqui saõ espirituais, que os Fieis vaõ buscar dentro da Igreja para remirem os seos peccados: confundiraõ os Ecclesiasticos a jurisdiçaõ espiritual, com a jurisdiçaõ civil, e quizeraõ governar o Reyno pela auctoridade daquella: como os Bispos depois do VI seculo vieraõ *(a ser)* Senhores de terras com jurisdiçaõ civil nos povos dos seus Bispados, como vimos assima, tinhaõ cadeas e julgavaõ as cauzas ecclesiasticas com penas corporais.

Desta mistura de jurisdiçaõ ecclesiastica e secular nos mesmos Bispos ou Prelados, veyo aquelle poder que se arrogáraõ serem *tutores* dos orphaõs e das viuvas, ainda mesmo das Rainhas e dos Principes. No principio da Christandade custumavaõ os Bispos por caridade amparar os orphaõs e as viuvas, naõ somente soccorrendoas com os alimentos de que necessitavaõ, mas defendendoas das vexaçoens que lhes intentavaõ os seculares.

Estenderaõ esta caridade christaã a reduzila em di-

---

(1) Eraõ estas nos primeiros seculos da Christandade privar aos peccadores dos Sacramentos por quinze, e por vinte annos, e algumas vezes por toda a vida; humas vezes ficavaõ debaixo do alpendre fora da Igreja; outras vezes dentro, mas deytados de bruços: obrigavaõ (a) jejuar à paõ e agoa, (a) trazer cilicios, cinzas sobre a cabeza, deyxar crecer a barba, e o cabelo, ficar encerrado, e renunciar ao comercio do mundo: existe ainda hoje hum Tribunal adonde os culpados saõ forçados (a) sofrer estas penitencias: apartandose do costume da Igreja primitiva que somente as impunha aquem pedia espontaneamente perdaõ dos seus peccados, e os confessava.

reito de pôr em depozito e a sua ordem os bens das viuvas e dos orphaõs, e (*a*) estarem debayxo da sua tutela, que mantinhaõ pelas leis civis. Tinhaõ o mesmo poder nos bens dos Romeiros e no dos *Cruzados* á Terra Santa, e nos hospitais dos leprosos, e nos bens destes que ficavaõ ordinariamente ás Igrejas se vinhaõ a morrer os legitimos proprietarios.

A santa e exemplar vida dos primeiros Bispos fez nacer a veneraçaõ que tinhaõ nelles os primeiros Christaõs: se entre elles havia contendas, porque huma das partes naõ comprio o *pacto,* ou *contracto* que concordáraõ; nas alteraçoens que sobrevem nos *Matrimonios,* ou na execuçaõ dos Testamentos, escolhiaõ estes Prelados por arbitros, que achavaõ taõ justos, que foraõ preferidas as suas sentenças, áquellas das justiças dos Emperadores, debayxo do qual Dominio viviaõ. As leis de Constantino, de Arcadio, de Theodosio e Justiniano, permitiraõ esta practica, e a fortificáraõ por leis a seu favor: mas quando os Bispos se viraõ Senhores de terras com jurisdiçaõ civil, vieraõ arbitros naõ por caridade, mas por direito, e decretáraõ em muitos Concilios, que no mesmo tempo eraõ *Cortes,* que em todos os *Contractos, Matrimonios* e *testamentos,* adonde havia *juramento, Sacramentos,* ou promessa de obras pias, que todas estas transacçoens eraõ da sua jurisdiçaõ; tinhaõ a seu cargo ter cuidado dos dottes e das arras em cazo de adulterio, e no estado dos filhos que procediaõ deste matrimonio, para julgar se eraõ espurios ou legitimos. Por cauza das obras pias expressadas nos testamentos, estava determinado nas Cortes de judicatura ecclesiastica, que todos fossem feitos diante dos Parrochos; e os Bispos obrigavaõ aos testamenteyros darlhes conta se estavaõ executados, e todas as mandas satisfeitas; daqui vinha que os Ecclesiasticos faziaõ todos os inventarios, e que levantavaõ os sellos nos depositos, &c.

Dilataraõ e estenderaõ a jurisdiçaõ Ecclesiastica, que só tinhaõ legitimamente dentro da Igreja, a castigar com penas civis todas as acçoens criminozas que offendiaõ a Religiaõ; a *herezia,* a *blasphemia,* a *schisma,* a *uzura,* o *concubinato,* e outros mais cazos chamados mixtiffori (sic) (1). Ja notamos assima que estes mesmos tinhaõ naquellas Congregaçoens dos Christaõs á sua conta a inspecçaõ dos costumes: depois que os Emperadores Romanos abraçaraõ o Christianismo, por varias leis, e principalmente pelas do Codigo (2) ficáraõ debayxo da sua direcçaõ os *Costumes,* e a honestidade publica. Se os Pais ou os Senhores queriaõ prostituir as suas filhas ou Escravos, podiaõ estes implorar a proteçaõ do Bispo, para conservar a sua inocencia: os Bispos juntamente com o Magistrado conservavaõ a li-

---

(1) *Ordenaçoens,* liv. 2, tit. ix. «Para que cessem duvidas que pódem haver sobre quaes saõ os Cazos, e delitos *Mixtifori,* em que os *Prelados, e seus Officiaes, podem conhecer contra Leygos...* os dittos cazos Mixtifori sáo seguintes. Quando se procede contra publicos *adulterios,* barregueiros, concubinarios, alcoviteiros, e os que consentem as molheres fazerem mal de sy em suas cazas, incestuozos, feiticeyros, benzedeiros, sacrilegos, blasphemos, perjuros, onzeneiros, simoniacos . tabolagens de jogo... posto que neste cazo ouvesse duvida, se era mixtifori, ou naõ, &c.»

(2) Apud Fleury, Discours vii, *sur l'Histoire Ecclésiastique,* pag. 320.

berdade aos Engeitados. Naõ se podiaõ eleger Tutores ou Curadores dos menores ou dos Mentecaptos sem intervençaõ dos mesmos Prelados: era taõbem da sua obrigaçaõ visitar huma vez por semana as prizoens; informarem-se da cauza da prizaõ, e advirtirem os Magistrados de comprir com elles a sua obrigaçaõ, e em cazo de negligencia darem parte ao Emperador.

Ja vimos de que modo os Bispos e os Papas quizeraõ governar as Monarchias pelas leis e pelas regras dos Conventos; agora veremos com que penas os castigavaõ; se eraõ com aquellas primitivas espirituais, que se reduzem a penitencia, ou as corporais, nos bens, na honra e na vida, como castiga o Estado Civil. Ja notei assima, fundado nos Auctores Ecclesiasticos, que quando o peccador espontaneamente buscava o Sacramento da penitencia, que compria aquella que o Confessor lhe impunha; e que deste modo reconciliado tornava a gozar da communicaçaõ dos Fieis, e á participaçaõ dos Divinos mysterios. Nestes primeiros tres seculos da Christandade, estava na livre vontade de cada Christaõ confessarse: os Bispos, ou Parrochos naõ obrigavaõ, nem tinhaõ poder algum para obrigalos a desobrigaremse da quaresma, nem em outro qualquer tempo, somente no cazo que este peccador cauzasse escandalo á Congregaçaõ dos fieis, ou que dogmatizasse contra a Religiaõ revelada e establecida, nesse cazo os Bispos lhe negavaõ a entrada naquelles santos lugares, para impedir o contagio que se podia communicar aos mais: rarissimas vezes excommungavaõ, e antes consentiaõ com caridade que tornasse para o gentilismo, do que chegar a tal exceſso de excommungar hum peccador que escandalizava.

Mas logo que os Bispos se viraõ com Jurisdiçaõ que lhes concederaõ os Emperadores Romanos, logo que se viraõ Senhores de terras com Jurisdiçaõ Civil, dilataraõ aquella penitencia espiritual, convertendo-a em castigo corporal, com perda de bens, com infamia. No vii Seculo os Bispos de Espanha (1) vendo que muitos peccadores naõ vinhaõ someterse ao Tribunal da penitencia, se queyxáraõ nas *Cortes* desta omissaõ, e supplicáraõ aos Monarchas de os forçar pelo braço secular. Practica desconhecida até li na Igreja, e que ainda naõ he conhecida hoje em França: e com razaõ, porque deste modo de proceder, se seguem cada anno infinitos sacrilegios. Em Portugal e Castella he obrigaçaõ de desobrigarse todo o adulto pela Quaresma; se naõ se desobriga he perseguido por monitorios, e por ultimo excomungado; se continua hum anno neste estado, he reputado pelo Tribunal Ecclesiastico por hereje, entaõ toma conhecimento deste cazo a Inquiziçaõ, processando-o segundo as disposiçoens do seu Directorio. Deste modo he que do Sacramento da Penitencia fizeraõ hum Tribunal Civil, governando o Estado pelas leis das Congregaçoens dos Fieis, e dos Conventos.

Mostrase mais vizivelmente esta intençaõ dos Ecclesiasticos em Portugal e Castella, e em algũas partes de Italia, pelo que vou a relatar.

Custumava a antiga Igreja impôr penitencias por

_____

(1) Fleury, *Discours troisième de l'Histoire Ecclésiastique*, tom. i, pag. 233 & 234.

muitos annos por hum peccado habitual, como vimos assima, e só deste modo he que se conciliava com a Congregaçaõ dos fieis. Mas no cazo que reincidisse no mesmo peccado, no cazo que este peccador espontaneamente fosse buscar o remedio a sua culpa no Sacramento da Penitencia, a disciplina daquelles tempos lhe refusava totalmente confessarse: dali por diante se lhe negava a Communicaçaõ dos Fieis, e participar aos Mysterios Divinos. Mas este peccador fóra da Igreja naõ era vexado, nem perseguido, nem ficava excommungado. Correraõ os tempos, mitigouse a severidade desta disciplina, e ja se admitiaõ os que reincidiaõ nas mesmas culpas, ao Sacramento da Penitencia, como taõbem aos mais Sacramentos.

No XIII seculo, pelo Concilio de Narbone (1), os Inquisidores observáraõ com os Albigenses herejes, a mesma severidade da Primitiva Igreja, naõ admitindo á Confissaõ Sacramental o peccador que reincidisse no mesmo peccado; mas aquelle Tribunal, como hoje o de Portugal e Castella, naõ se contentava uzar com aquelles relapsos da mesma piedade e moderaçaõ, como uzavaõ os antigos Prelados. Relaxavaõ ao braço secular com infamia e perda de bens, como fazem hoje as Inquiziçoens de Castella e Portugal, privandoos mesmo na ora da morte do Sacramento da Eucharistia, ainda que protestem morrer na Ley de Christo.

De onde se vê claramente que os Ecclesiasticos governaõ ainda hoje o Estado Civil pelas Regras das Congregaçoens Christaãs, vê-se claramente que só no

_____

(1) Fleury, *Hist. Eccles.*, liv. 80, n. 51.

4

Tribunal da Inquisiçaõ ficou esta practica de naõ admitir a penitencia, o que reincidio no peccado, porque este Tribunal tem por executores, sem vistas dos Autos e das Sentenças, os Magistrados (1).

Governaõ o Estado Civil, taõbem com as *Regras* das primitivas Igrejas e Conventos admitindo a *Intolerancia Civil,* pondoas em todos os Tribunais Ecclesiasticos e Seculares, como base e fundamento da Religiaõ e da Monarchia. Vejamos os fundamentos desta Ley taõ auctorizada, contra a qual nenhum Magistrado, nem Rey Catholico jamais se atreveo fazer a minima objecçaõ. Era justo, era santo que naquellas primitivas Igrejas do Christianismo, nas quais os Christaõs viviaõ em communidade, todos conformes pela Ley de Christo na mesma fé, caridade, e pureza de coraçaõ, com os bens em commum, como he a practica dos Conventos, vivessem todos nas mesmas ideas, e pensamentos sobre os Mysterios de fé, conhecendo, e reverenciando a Missaõ de Jesus Christo: era justo que aquelle christaõ que naõ pensava assim, que dogmatizava contra a Doutrina estabelecida, ou que naõ frequentava a Igreja, vivendo ao mesmo tempo em peccado publico, que se lhe negasse a entrada naquella Congregaçaõ, e a participaçaõ aos soccorros caritativos, e aos Mysterios Divinos.

Que assim viviaõ os Christaõs, Clemente de Alexandria, Origenes, e Tertuliano, e outros muitos Padres o relataõ: Plinio mesmo Gentio (2), em hũa carta que es-

---

(1) Ordenaçoens, liv. 2. tit. vi. lib. v. tit. 1.

(2) Lib. x. Epistol. xcvii. «Cognitionibus de Cristianis interfui nunquam... adfirmabant autem hanc fuisse summam, vel culpæ

creve ao Emperador Trajano o diz taõ claramente, que he o mayor elogio da primitiva Christandade: era justo entaõ que fossem os Christaõs intolerantes, e que entre elles naõ consentissem algum ou Scismatico, ou Hereje. Do mesmo modo que hoje approvariamos que hum Guardiaõ mettesse em hum carcere, a paõ e agoa, aquelle Frade que naõ compria com a Regra, e que a contrariasse de palavra, e por escripto: esta *Intolerancia, Ecclesiastica, Fraternal e christaã* he fundada na natureza das sociedades feitas por contracto, adonde todos mutuamente se prometeraõ *crer, obrar, e exercitar* as mesmas cousas, que neste cazo eraõ os artigos da fé, e os dez Mandamentos.

Mas que os Ecclesiasticos queyraõ governar o Estado Civil e Politico, por esta *Intolerancia Ecclesiastica,* e que os Reis corroborem, e fortifiquem por leis e penas corporais estas Regras das primeyras Congregaçoens dos Christaõs, he o mesmo que dissolver e arruinar o Estado Civil, e quebrar o fundamento e base da sua instituiçaõ. Vimos assima que quando o subdito dá juramento de fidelidade ao seu Soberano, clara ou tacitamente, quando dá todo o seu consentimento para

---

suæ, vel erroris, quod essent soliti stato die ante lucem convenire: carmenque Christo, quasi Deo, dicere secum invicem: seque Sacramento non in scelus aliquod obstringete, sed ne furta, ne latrocinia, ne adulteria committerent, ne fidem fallerent, ne depositum appellati abnegarent: quibus peractis morem sibi discedendi fuisse, *rursusque coëundi ad capiendum cibum, promiscuum tamen & innoxium,* quod ipsum facere desisse post edictum meum, quo secundum mandata tua *hæterias,* (são *sociedades, ajuntamentos* ou *confrarias*), esse vetueram».

ser regido, e governado, que só depóem no seu poder todas as suas acçoens exteriores, isto he aquella *força e vigor,* com que podia *ferir, matar, furtar, offender;* ficaõ estes poderes no Soberano, para uzar delles como achar que convem milhor á conservaçaõ dos seos Subditos; mas nenhum Subdito se despio daquellas *acçoens interiores* mentais, que saõ *querer,* naõ *querer, aborrecer, crer, julgar,* ou naõ *julgar;* nem jamais ficáraõ no poder do Soberano, quando recebeo o consentimento universal de ser obedecido. Porque da natureza do Estado Civil, somente as acçoens exteriores violentas saõ aquellas que o alteraõ, e que o podem destruir. O *amar, aborrecer,* julgar, ou *ser mentecapto,* ño mesmo Estado, se reputaõ como se nunca existiraõ; porque se naõ demonstram com acçoens, que perturbem e arruinem a concordia da Sociedade Civil.

No contracto entre Christaõ e Christaõ na mesma Igreja se estipulou serem todos concordes na mesma crença, na mesma fé, recitarem as mesmas oraçoens, celebrarem com o mesmo coraçaõ os mesmos Divinos Mysterios.

Pois se as convençoens do Estado Civil e da Igreja saõ taõ differentes, como póde ser justo e util para ambas, que a *Intolerancia Christaã,* se estenda a ser *Intolerancia civil?* Se os Ecclesiasticos venerassem mais os Estados Civis do que fizeraõ atégora, se os considerassem como cousa *Sacrosanta,* porque foi formado com a cauçaõ da *Suprema Divindade,* e invocada como testemunha, naõ haviaõ de assentar por maxima a *Intolerancia Civil,* que he a sua ruina e a sua destruição. Mas que hade ser, Illustrissimo Senhor, o

Papa Gregorio VII, no seculo XII, nas suas Bullas e breves affirma, e defende as maximas seguintes contra os Soberanos e contra as Monarchias (1). «Que a Igreja tendo toda a Jurisdiçaõ das couzas espirituais, que com mais forte razaõ a tem de julgar as temporais. Que o minimo Exorcista he Superior aos Emperadores, pois que elle tem mando sobre os Demonios; e que a *Soberania,* ou o officio dos Reis he *obra do Demonio,* fundada na soberba humana; em lugar que o Sacerdocio he obra de Deos; e que o minimo Christaõ virtuozo, he mais verdadeyramente Rey, que um Rey criminozo, porque este Principe logo fica despido da Soberania, que já naõ he Rey legitimo, mas que vem naquelle instante Tyranno, &.»

A intolerancia com que uzou Castella com os Moiros depois da conquista de Grenada, formaraõ aquellas potencias da Africa que com os seos Corsarios cada dia persecutaõ a Religiaõ, e as Monarchias Catholicas. Relatar aqui os males que fez a Intolerancia, seria deyxar de mostrar o que me propuz; mas de passo direi que aquella que Portugal desde el Rey Dom Joaõ o III praticou com os xx. NN. foi a origem da perda das Indias Orientais, do Estabelecimento da Republica de Hollanda, das marquezas de Hamburgo, e da grandeza do commercio de Inglaterra.

Ainda tenho mais provas incontestaveis para mostrar a V. Illustrissima que os Ecclesiasticos governáraõ, e ainda governaõ pela ignorancia dos Magistrados, o es-

(1) Lib. VI. Epist. 2. apud Fleury, *Discours sur l'Histoire Ecclesiastique,* tom. I. pag. 246. E na Historia deste Autor, liv. 62. n. 36.

tado Civil com as suas regras, e constituiçoens da Primitiva Igreja, e dos Conventos. Bem se vê claramente pelo que referi do Papa Gregorio VII que elle se considerava Superior a todos os Reis, e que todos deviaõ pagar tributo ao Solio Romano, porque só deste Potentado tinhaõ as suas Dignidades.

Viviam os Christaõs, como já dissemos tantas vezes, em commum, sómente os verdadeyros fieis, como era justo, participavaõ as esmolas daquella Congragaçaõ ou Convento. Se este Christaõ pela sua vida, pelas suas palavras, ou acçoens escandalizava seos Irmaõs, se lhe negavaõ os soccorros temporais e espirituais. Daqui sahio que com justiça, sómente aos Santos e aos Justos pertenciaõ os bens temporais, e espirituais, e que os impios e os peccadores estavaõ privados delles.

Levantasse na Africa a herezia dos Donatistas e a peditorio de S. Augustinho se executaõ as Leis Imperiais contra os Hereges; ficaõ privados dos seos bens, e das suas Igrejas: queyxaõse e clamaõ, e o mesmo Santo lhes responde (1), levado de hum santo zelo, sem

---

(1) Jam verò prudenter intueamur, quod scriptum est, *fidelis hominis totus mundus divitiarum est, infidelis autem nec obolus* (este texto não se lê assim nos Proverbios de Salamaõ), nonne omnes, qui sibi videntur gaudere licite conquisitis, eisque uti nesciunt, aliena possidere convincimus? Hoc enim certe alienum est quod jure possidetur: hoc autem jure, quod juste, & hoc juste quod bene: omne igitur quod male possidetur, alienum est... donec fideles & pii quorum jure sunt omnia. Epistol. 54. *vulgò* tom. ii, vel 153.

Et quamvis res quæque terrena non recte à quoquam possideri non possit nisi vel jure divino, quod cuncta justorum sunt, vel jure humano, quod in potestate Regum est terræ... Epist. 93. (vulgo 48)

pensar mais do que á Constituiçaõ da Religiaõ Christaã,
e a Disciplina Ecclesiastica que se tinha observado nos
primeiros seculos, sem pensar á Ley Regia do Imperio,
nem á Constituiçaõ da Republica de quem era subdito,
dá-lhes por toda a razaõ *que com justiça* os privaraõ
dos seos bens, e das suas Igrejas, porque só os Justos
saõ os legitimos possuidores, e que os impios naõ
possuem couza algũa a justo titulo, e confirma esta decisaõ arguindoos: *os fundamentos que* tendeis para defender bens e Igrejas saõ a Ley Divina, ou a dos Emperadores: por Ley Divina estais privados de todo bem
porque sois hereges; pelas Leis dos Emperadores taõ
bem e deste modo naõ tendes de que vos queyxar que
de vós mesmos. Aqui temos a decisaõ de confiscar os
bens aos hereges, que seguio Gratiano no seu Decreto,
que se ensinou e ensina nas Universidades, que por elle
se sentenceaõ as cauzas Ecclesiasticas, e mixtifori em
todos os Tribunaes de Portugal e Castella.

Admiraõ-se tódos que S. Augustinho sendo taõ douto,
naõ distinguisse n'esta occasiaõ a Constituiçaõ do Estado Civil, daquella do Estado Christaõ, governado por
Bispos, e por Prelados nos primeiros tres seculos. Dis
claramente que a *propriedade dos bens,* (que é o mesmo
que a propria conservaçaõ), depende ou da auctoridade
Divina, ou da auctoridade dos Emperadores: o que é

& in Joannis Evang. tract. vi. §. 25. De todos estes lugares se
aproveitou Gratiano Distinct. viii. Caus. xxiii. Quæst. vii. para
seguir a doutrina que relatamos para confiscaremse os bens dos
hereges com justiça. Vejase nesta materia Barbeyrac, *Traité de
la Morale des Peres.* Amst. 1728. 4.º pag. 292, & seguintes.

intoleravel. A *propriedade dos bens,* he anterior a todas as Sociedades; ella he de *Direito Natural,* como he defender a sua vida e a sua honra; naõ depende a legitima posse, e disposiçaõ do seu proprio bem, de ley algũa positiva. He verdade que os primeiros christaõs peccadores deviaõ ser privados dos seos bens logo que o seu peccado era publico; porque tinhaõ contractado viver em commum, e tinhaõ cedido tudo o que tinhaõ á communidade, quando entravaõ nella, practica hoje dos Conventos, onde se conservou este modo de contractar. Mas no Estado Civil ninguem fez cessaõ de bens ao mesmo Estado antes de dar juramento de fidelidade; logo é incoherente que se julguem as cauzas civis pelas leis dos Conventos, e das Igrejas da primitiva Christandade; logo aquellas Leis que privaõ os herejes dos seos bens, pertencendo ao Estado como subditos, naõ saõ Leis Civis, saõ Leis Ecclesiasticas prevertidas.

Naõ entrarey na especificaçaõ daquelle proceder violento que tiveraõ os Papas com os Emperadores Christaõs depois do XII seculo; bem pode V. Illustrissima considerar, o que resultaria das maximas de Gregorio VII, que referi assima; bem poderá considerar como seriaõ tratados os Monarchas por Innocencio III, do seculo XIII, quando escrevia que Deos criára duas Luzes no Universo, hũa mayor e outra menor, que pela primeira se entendia o poder Pontifical, e pela segunda o poder Real. Que Christo dera a S. Pedro duas espadas, hũa para governar o espiritual, e outra o temporal. Com semelhantes allegorias, que he arbitrario concedellas, ou negallas, porque naõ tem outro fundamento

do que a imaginaçaõ viva, e as vezes viciada, de quem
as applica ás couzas sensiveis, estavaõ instruidos os
Mestres que ensinavaõ nas Escolas, estavaõ instruidos
os Tribunaes, e disgraçadamente os Reis, que vexados
e despidos da sua Real autoridade, brotavaõ em contendas funestas cada dia com os Ecclesiasticos, e por
ultimo com os Papas, do que temos bastantes monumentos na nossa Historia naquellas concordias feitas
com os Reis de Portugal desde el Rey-D. Alfonso II,
até D. Phelipe terceyro, que selem em Gabriel Pereyra
de Castro (1) como taõ bem que el Rey Dom Sebastiaõ
por Alvará seu deu tal poder aos Ecclesiasticos que
absorberaõ o Jus da Magestade (2). Naõ consideráraõ
atégora os Ecclesiasticos a distinguir entre o Sagrado
da Magestade e entre o bauptismo de Christaõ: como
Monarcha depende somente do Altissimo Deos, porque
he a cabeça do Estado, formado com o consentimento

_____

(1) *De Manu Regia*, p. 434. edit. Lugdun.

(2) Ibi. Part. segunda, pag. 159... «Regio Diplomate Sebastiani
Regis emanato anno 1569, per quod Prælatis fid libera facultas
capiendi, & puniendi Laicos, illis casibus, quibus a sacro Concilio
d permissum & imperatum est».

Ali tras o Alvará; que certamente foi ordido pelos Padres jesuitas que entaõ governavaõ o animo do Cardeal Henrique, que
naquelle tempo era Regente do Reyno: os mesmos jesuitas go-
vernávaõ entaõ Portugal como hum convento de Frades; porque
prohibiraõ todo o luxo, determinaraõ a quantidade de Comida
nas mezas, e outras severidades Monachais. Vide Conestagio,
Historia de Portogallo.

Gabriel Pereyra de Castro diz, depois de copear o ditto Alvará:
«An Rex per se solus sine publicis comitiis hoc potuisset facere»
vid. etc.

dos Povos que o invocaraõ no acto do juramento de fidelidade como testemunha e cauçaõ d'aquelle facto; naõ teve, nem terá jamais o Papa, nem o Christianismo, intervençaõ algũa neste acto de formar o Estado. A pessoa do Rey he Christaõ, e como tal depende da Igreja, e por consequencia do Papa que he a Suprema Cabeça : todo poder que tem neste Christaõ, he semelhante ao que tem em qualquer outro. Bem sei que naõ admittem esta necessaria distinçaõ; mas que me digam, quando um Fisico Mor ordena ao seo Rey que lhe sarjem o lado doloroso de hum pleuris, e que o Rey obedece e se deyxa cortár, e banhar em sangue, perguntase? A quem ordenou o Physico Mor, fazer aquella operaçaõ? foi a el Rey? ao Christaõ? ou ao Homem? El Rey obedeceo ao seu Fisico Mor, naõ como Rey, mas como Homem, como hũa parte da natureza humana; e que o Medico sendo Ministro da natureza tem autoridade de governalla do modo mais a proposito para conservar a vida. Todos approváraõ esta distinçaõ: e porque naõ querem admittir aquella que ha entre o Rey, e o Christaõ. Acha o Rey a sua consciencia gravada; chega aos pes do Confessor, e confessasse: perguntase, quem se está ali confessando, he el Rey, ou o Christaõ? Quem souber que o Confessor naõ he Deos, quem souber que elle he somente naquelle acto hum Ministro da Religiaõ, dirá logo: ali se está confessando hum Christaõ; porque el Rey naõ adora, nem deve adorar mais que a Deos em quem crê, e de quem somente depende na terra; porque do mesmo modo que o Fisico Mor ordenou a el Rey que o sargem para curallo, assim o Confessor ordenou a el Rey que

fassa penitencia; obedece o Rey ao Confessor como
Christaõ, do mesmo que obedeceo ao Fisico Mor, porque
he Homem.

Pareceme que tenho mostrado com bastante clareza
o que prometi no titulo deste paragrapho; e he facil
tirar dali a consequencia que ja os Ecclesiasticos tinhaõ
fundado hũa Monarchia a seu modo dentro da Monarchia
Civil: ja tinhaõ decretado leis para sustela, e fortificala;
ja os tribunais, e as Cortes dos Reis as observavaõ, e ja
o Estado Civil estava governandose no xii seculo, pelas
falsas Decretais de Isidoro Mercator, e pelo Decreto de
Graciano: ja se ensinavaõ nas Escolas, mas ainda nellas
naõ estavaõ introduzidos aquelles gráos de Doutor, e de
Bacharel; ainda naõ estavaõ decorados com dignidades
aquelles que estudavaõ o Direito Canonico, e acharaõ
no seculo xiii os Papas todos os meyos para os decre-
tarem, fortificando deste modo o seu novo poder de tal
modo que ficáraõ as Monarchias dependentes da Corte
de Roma, tanto no espiritual como no temporal; e he
o que mostrarei no paragrapho seguinte.

§.

Das Universidades

Naõ he o meu intento tratar aqui das Universidades,
que para mostrar a V. Illustrissima, se as que existem
actualmente saõ uteis ao Estado, e se nellas se ensinaõ
todas as sciencias necessarias ao seu governo civil e
politico; se nellas a Mocidade destinada a servir a sua
Patria, podera ser educada para servila no tempo da
paz e da guerra, no tempo em que estiver occupada, e
tempo do descanço. Sucintamente declararei se foraõ

instituidas e auctorizadas a ensinar e graduar aos que nellas estudaõ pelo poder Real, ou do Papa, na intençaõ de mostrar evidentemente que S. Magestade he o Senhor de abolir e de instituir as Escolas e Universidades que achar saõ perjudiciaes ou uteis á conservaçaõ dos seos dilatados Dominios.

Ja vimos assima que pelas leis do Codex Theodosiano podiaõ os Ecclesiasticos ensinar publicamente; e pelos Capitularios de Carlos Magno foi ordenado que nas Igrejas Cathedrais, e nos Conventos se ensinassem as sciencias conhecidas naquelles tempos: vimos taõbem que já os Ecclesiasticos tinhaõ estabelecido leis reconhecidas pelos Parlamentos e *Cortes,* e que os Tribunais tanto seculares, como Ecclesiasticos julgavaõ por ellas: agora veremos que logo que Graciano Frade Bento de Bolonia publicou a sua Coleçaõ intitulada, *Concordia Discordantium Canonum,* no anno 1151; e que Gregorio IX no anno 1230 publicou os cinco livros das suas Decretais; e o Papa Bonifacio VIII o sexto livro, que he a continuaçaõ, no anno 1299; e que Clemente V no anno 1311 augmentou esta collecçaõ com as suas Constituiçoens, chamadas Clementinas, que ficou mais que nunca estabelecida a Monarchia Ecclesiastica; porque o Decreto, as Decretais e as Clementinas referidas começaraõ a ser ensinadas nas Universidades (1).

Até o anno 1230 pouco mais ou menos, nenhũa das Escolas estabelecidas na Cathedral de Paris, de Bolonia, de Roma, e outros Conventos, nenhũa se chamou

---

(1) Gregorius ix, in Præfatione i. Decretalium. Et Joann. xxii ann. 1316, Præfatione ad Clementinas.

Universidade: este nome tiveraõ as Escolas publicas, logo que os summos Pontifices instituiraõ n'ellas aquellas dignidades ou Graós de Bacharel, Licenciado e Doutor nas quatro *Faculdades* de Theologia, Canones, Leis, e Medicina: indicio certo que estas Escolas com gráos saõ da instituiçaõ Pontificia.

M. Boulæus, na Historia da Universidade de Pariz (1), affirma que pelos annos 1150 todos os Estudantes que estudavaõ em Bolonia o Direito, se applicavaõ a ouvir as liçoens de Irnerio, que naquelle tempo ensinava ali o Direito Civil, com universal applauso; e que Graciano vendo que os Estudantes naõ estudariaõ o Direito Canonico que se continha no seu Decreto, que pouco tempo depois recorrera ao Papa Eugenio III, propondolhe que instituisse algũas honras academicas, com as quais fossem condecorados aquelles que estudassem os Canones; e que Pedro Lombardo, chamado o mestre das Sentenças, fora o primeiro que na Universidade de Paris as introduzio. O mesmo M. Boulæus affirma que naõ consta pelos registros da Universidade em que anno começáraõ estes Gráos mas que ja no anno 1236 se achaõ assentos de Estudantes que tinhaõ sido condecorados com elles. Que as Universidades saõ Corpos Ecclesiasticos; e que Phelipe Augusto no anno 1200, dera um Decreto a favor dos Estudantes matriculados

_____

(1) *Historia Universitatis Pariensis,* A Cæsare Hagasio Bulæo Parisiis 1665, fol. tom. ii, secul. iv, pag. 255, ad annum 1150. Siguiremos este Autor, e Coringio *de Antiquitatibus Academicis,* Dissertationes vii, cum Supplementis, recognovir Christianus Aug. Heummannus. Gottingæ 1739, 4.º, e a *Historia Ecclesiastica* de M. l'Abbé de Fleury.

na de Paris, que se fossem prezos pelas suas justiças, que seriaõ entregues a Justiça Ecclesiastica. Que os mesmos Estudantes, naõ somente gozaõ das immunidades dos Clerigos, mas que andam vestidos do mesmo vestido. Que os gráos de Bacharel, e de Doutor saõ dados pelo Cancellario que he o Legado do Bispo; porque os Bispos saõ considerados os Juizes ordinarios das Universidades. Que aquellas insignias, quando se doutoraraõ os Estudantes, de *habito talar*, *capello*, *livro*, *anel*, *e beijo de paz*, foraõ instituidas, como se o Doutorado entrasse no Estado sacerdotal, ainda que seja leygo, tomando o gráo de Doutor em Leis ou em Medicina: e que estas honras *provem originalmente* do summo Pontifice, e jamais de Principe ou Monarcha. Parece que Nicolao IV foi aquelle que instituio estas insignias, porque elle foi o primeiro que ordenou que os Cardeiaes trouxessem chapeo forrado de seda vermelha; e como os doutores mesmo de Theologia vestem a roba tallar d'esta côr forrada de arminhos, (este he o costume da Universidade de Paris, com o capello do mesmo forro), parece que delle veyo esta introducçaõ. A tradiçaõ o mostra claramente, por que em França e em Italia antigamente chamavaõ a todos os Doutores, Clerigos; e os Medicos da Faculdade de Paris naõ lhes era permitido casaremse, ainda que fossem leygos até o anno 1450, pouco mais ou menos, quando o Cardeal de Estoutiville, como Legado do Papa, os dispensou desta obrigaçaõ (1); e que os Reis de França somente

---

(1) Vide Pancirollum variat. Lectionum lib. 1. cap. apud Coringium Dissertat. IV. §. VIII.

depois do anno 1573 começáraõ a ter auctoridade sobre a Universidade de Paris, porque de antes somente dependia do Papa.

Quando hum destes estudantes toma o gráo de Doutor jura nas maõs do Cancellario «que será sempre fiel e constante a defender os Direitos da Universidade, e a *Doutrina que se ensina nella»*, de tal modo que todo aquelle assim graduado, que fallar ou escrever contra os dogmas e doutrina d'ella, ficará perjuro, e por consequencia excomungado; e que senaõ retractar, que será persecutado como herege.

Eu naõ achei prova mais authentica para provar o que pensa a nossa Universidade de Coimbra do poder do Papa e da sua Jurisdiçaõ, do que a approvaçaõ que ella deu Sendo Reytor Nuno da Silva Telles no anno 1717, á Bulla unigenitus, em claustro pleno, assinando aquellas decisoens todos os Doutores Seculares e Ecclesiasticos (1). Lamentemos, Illustrissimo Senhor, o estado

---

(1) Sensus Sacræ Facultatis Theologiæ Conimbriensis circa Constitutionem, quæ incipit *Unigenitus Dei Filius*. Conimbricæ 1717, 4.º Ibi pag. XVII.

«1. Romanum Pontificem, etiam extra Concilium, supra quod est, de re dogmatica, sive de rebus, ad *Fidem & mores* pertinentibus e Cathedra docentem Universæ Ecclesiæ Fideles habere assistentiam infallibilem Spiritûs Sancti, proindeque, nec decipi, nec decipere posse.

«2. Constituitiones Pontificias non indigere, ad suum robur ac vigorem obtinendam, fidelum populorum acceptationem, aut consensu, nec proinde talem accêptationem, aut consensum aliquo modo authoritativum».

«3. Sentire omnes ad valorem alicujus Bullæ Pontificiæ & Do-

de hum Monarcha, que naõ tem, nem pode ter hum
Conselheyro, hum Juis, nem hum Procurador da Coroa,
que naõ esteja ligado por juramento defender todo o
que tem decretado hũa Potencia Extrangeyra, hũa Potencia que fundou na sua Monarchia, outra que faz os
mesmos effectos que aquellas plantas chamadas *para-
sitas* que se sustentaõ do succo da arvore, adonde estaõ
pegadas: lamentemos que está S. Majestade, e cada
hũa das suas villas, sustentando a nossa Universidade,
para diminuir o Poder Real, para absorber-lhe a jurisdiçaõ que tem nos seos Subditos, e em Portugal hum
em vinte, pela doutrina da Universidade, ficaõ subtra-
hidos d'aquella indispensavel obrigaçaõ: e assim he
que se consideraõ os Ecclesiasticos.

Vejamos agora *se sam uteis ou perniciosas ao Estado Civil?* Para satisfazer a esta questaõ, he necessario declarar aqui summariamente o que se ensina na
nossa Universidade, e de que modo se ensina. Bem

---

gmaticæ, multo minus requiri acceptationem aut consensum alicujus particularis Ecclesiæ, sed sufficere solum locutionem Pon-
tificis ex Cathedra universam Ecclesiam docentis».

«4. Omnes testati sunt se *non causa acceptandi,* prædictam
Constituitionem convenisse, quasi ipsa tali acceptatione indigeret
ad suum valorem, sed tantum ad eam *venerandam, ac debitam* eam
obedientiam præstandam. Quapropter censuerunt omnes Sacræ
Theologicæ Facultatis Magistri & Doctores.

«5. Oportere ut omnes, non solum Sacræ Theologicæ Facultatis, sed *aliorum etiam Doctorum,* & Magistri... se jurejurando
obstringerent ad prædictam Bullam, &c.

E toda a Universidade jurou estas proposiçoens assima, e a
Bulla igualmente.

vejo que naõ serei exacto, mas com tudo não deyxarei de satisfazer em geral ao que pede este papel.

§.

Dos Estudos da Universidade de Coimbra,
depois da sua Renovaçam no anno 1553

V. Illustrissima me excuzará facilmente se omittir aqui as mudanças que teve a Universidade de Coimbra desde el Rey Dom Dinis seu fundador, e em que tempo foi transferida de Lisboa, para aquella cidade e desta para Lisboa, até que tomou o assento que hoje tem no tempo del Rey Dom Joaõ o III. Este Monarcha sustentava em Paris no Collegio de Santa Barba desde o anno 1530, pouco mais ou menos, alguns Estudantes Portuguezes, na intenção de formar Missionarios para as Indias Orientais; destes Estudantes como foraõ os dois Gouveas e Diogo de Teyve, e alguns extrangeyros Francezes, e Buchanan Escosses, se compoz a Universidade de Coimbra nesta sua renovaçaõ; e podemos dizer que ella he filha da Universidade de Paris; porque em ambas se ensina a mesma doutrina. No que toca a Disciplina Ecclesiastica, V. Illustrissima sabe o que se entende *pour les Libertés de l'Eglise Gallicane.*

V. Illustrissima sabe muito milhor do que eu, de que modo se ensina a Theologia, e o Direito Canonico na Universidade de Coimbra. Mas naõ he deste papel mencionar estas sciencias: por essa rezaõ naõ fallarei nellas, porque tomára que se aprendessem separadamente em tres Collegios: *v. g.* em Braga, Lisboa, e Evora, separados de todos os outros, ou da Universi-

5

dade onde se devião ensinar as Sciencias humanas, de que necessita o Estado Civil.

Estudasse a Jurisprudencia, ou as Leis Romanas, e V. Illustrissima sabe que rarissimo he o Estudante que toma o gráo nesta Faculdade: muitas saõ as cauzas; mas naõ callarei todas; ainda que todas eraõ necessarias, se este papel fosse hum livro.

Entra hum estudante na Universidade, instruido bem ou mal na *Lingoa Latina*, matricûlase em Leis ordinariamente para ouvir, ou saber a aula, onde se explicaõ as *Instituiçoens de Justiniano*. Continûa quatro annos o Direito Civil, escrevendo o que o seu Lente lhe dicta; chega ao quinto anno, e faz a sua conta; que lhe será mais util fazer as suas concluzoens em Canones, ou o seu Bacharel; porque sendo canonista:

1.º Pode ler no Paço para seguir as varas;

2.º Opporse aos Beneficios das Ordens Militares, e dos Cabidos;

3.º Ser Pregador;

4.º Ser Vigario Geral, Provisor, ou Promotor de algum Bispado;

5.º Advogar.

E que faz entaõ? faz petiçaõ ao Reytor, pedindo que se lhe commutem os annos, que estudou em Leis, nos cursos do Direito Canonico; e sahe despachado como pede. Isto he o commum, e igualmente mui notorio.

Mas o que hade ser? A Universidade he Ecclesiastica; augmentar o numero dos Canonistas he servila, he augmental-a. O Estado serve-se delles porque todas as suas Leis estaõ restrictas pelas Leis do Decreto, das Decretais, e mesmo das Clementinas.

Mas concedamos que estudou leis por sete annos, e que nesta Faculdade fez os seos Actos approvado, *nemine discrepante*. Que me digaõ em que poderá servir ao Estado este Bacharel, ou este Doutor em Jurisprudencia? Sabe Deos se comprehendeo as Instituiçoens de Justiniano, com Minsingero, ou Vinnio: porque naõ creyo que o commum destes Estudantes viraõ jamais as Pandectas. Estudou por sete annos para ser letrado, ou Juis, e naõ estudou naquelle tempo as Ordenaçoens do Reyno.

Mas hum Juis, e um Letrado, que ha de servir a sua patria, necessita ter um conhecimento naõ ordinario da Historia Romana, do Governo daquella Republica, da sua Religiaõ, e dos seos costumes; como taõbem ter igual noticia dos seculos barbaros, da Historia patria, e de Castella, porque de outro modo naõ entenderá jamais as Leis das Pandectas, nem as das nossas Ordenaçoens. Mas na Universidade de Coimbra naõ ha taes Cadeyras; como taõbem naõ ha aquella para ensinar o Direito publico com a Historia da Europa, sendo absolutamente necessarias a hum Juis, e a hum Letrado que ha de servir os empregos e os Cargos na sua patria. Mas esta Universidade he Pontificia como as mais da Europa; e naõ convem, e seria castigado aquelle que votasse, que tais conhecimentos se ensinassem publicamente. Deyxo por agora aquelles dois abuzos notaveis, introduzidos pela barbaridade das Escolas scolasticas, defender *concluzoens,* e fazer os *exames*, por Syllogismos; aquellas *liçoens de ponto*, e as *ostentaçoens*, a abertura das Pandectas, ou do Direito Canonico, subir á cadeyra, e discutilo *ex tempore.*

Persuadome que desta vez sahio fóra dos Dominios de sua Magestade aquella Philosophia das Escolas depois que se publicou o seu Alvará sobre a reforma dos Estudos: e por essa cauza naõ allegarei tudo aquillo que tinha determinado escrever contra ella; por tanto naõ callarei tres males que cauza. O primeiro, que se um rapas tem boa letra, que perde esta bella prenda, escrevendo em sima do joelho por tres annos, o que seu Mestre lhe dicta. O segundo, que se apprendeo algum pedaço de Latim nativo de Cicero, Quinto Curcio, ou Virgilio, que o perde por aquella Lingoa destas Escolas, com nomes, e frázes taõ barbaras, que nem saõ Latim, nem Lingoa algũa conhecida. O terceyro, que depois de estudar esta Filosofia, que o Estudante saye, ou com o juizo torto, ou que fica incapas de estudar, e de applicarse por toda a vida. Se este Estudante tem boa capacidade, se se applicou seriamente, e comprehendeo aquella giria filosophica, ficou destituido de todo o juizo natural, e naõ pode fallar que por syllogismos; contradiz tudo, e tudo prova com a sua dialectica, ainda mesmo aquellas noçoens commuas, *o total he mayor que a sua parte;* fica inchado e desvanecido de hũa soberba insoportavel, porque ninguem o pode convencer; e fica o seu coraçaõ mais depravado do que o seu juizo. Mas no cazo que o pobre Estudante naõ aprendeo, nem concebeo aquella lingoa de giria, esmorece, naõ estuda, aborrece a applicaçaõ porque naõ tem gosto algum na lectura, adquirio habito de naõ indagar couza algũa; occupa o tempo em aprender a Musica, a jugar as cartas, a espada preta, e queyra Deos que naõ occupe aquelle tempo destinado para aprender, em vicios que o faraõ inhabel para si, e para a sua patria. Ninguem que passou por aquellas Escolas negará o referido: esta Filosofia he a produçaõ dos seculos da Ignorancia, do ocio dos Frades depois que deixáraõ o trabalho de maõs que ordenava a sua regra; he a produçaõ da Monarchia Gothica onde o vençer, e ignorar as leis da humanidade, era o seu fundamento.

O fructo, que deve pretender o Legislador dos estudos da Mocidade, he que sayaõ das escolas com o conhecimento das primeyras noçoens das couzas naturais, e das couzas civis; com o juizo taõbem formado que saibaõ o que he *util* a si e a sua patria, o que he *licito*, o que he *decente:* e quem sahio com estes elementos das Escolas, os adiantará facilmente na Sociedade Civil pela lectura, e pelo trato dos homens instruidos. Mas das Escolas de Filosofia que havia em Coimbra tudo se observava em contrario; e se he licito dizer outro tanto dos Estudos da Universidade, he certo que merecem igual reforma, como S. Magestade ordenou nos estudos das Classes.

§.

Resume do Referido

Tenho mostrado a V. Illustrissima, me parece, com a brevidade e clareza que me foi possivel, a *Constituiçam da Monarchia Civil,* e taõbem aquella *da Monarchia Ecclesiastica,* establecida dentro da mesma. Mostrei o Sagrado da primeira, fundada, especialmente Portugueza pelo *consentimento* geral dos Povos, pelo *juramento de Fidelidade* aos Reis que invocáraõ a mesma Divindade, que os seos Povos, como *testemunha* e como cauçaõ daquella convençaõ, e solemne pacto. Mostrei que todos os Monarchas, e com especialidade os nossos, tem em si incluido todos os poderes, que tinhaõ os seos subditos antes daquella solemne transacçaõ; e que Nelles existe a *Jurisdiçam* do Primeiro *Juis*, do *Primeyro* General; do *Primeyro* Pay, do Primeyro Censor; auctorizado (a) decretar todas as leis que forem uteis para a conservaçaõ e augmento do seo Estado.

Mostrei taõbem que pelos primeiros *tres seculos* da Christandade, viviaõ os Christaõs em commum debayxo do Governo dos Bispos, ligados em Congregaçoens, como aquellas Sociedades de Christaõs hereges em Hollanda, e Alemanha chamadas *Hurrenhutters*, permitidas e ás vezes persecutadas pelo Estado Civil. Que os Christaõs nestas primeyras *Congregaçoens*, como os frades de St. Basilio, e St. Bento viviaõ em communidade de bens, de vontades, de crença, na Fé, e na charidade christaã. Que os bens destas Igrejas consistiaõ em esmolas dos Fieis, das quaes se sustentavaõ os Sacerdotes, os pobres, e conservavaõ edificios, onde se celebravaõ os Divinos Mysterios.

Que o officio dos Bispos consistia a ensinar os Mysterios Divinos, a administralos, e a inculcalos pelos sermoens, e practicas espirituais; e taõbem a ordenar e a formar Parrochos, e Diaconos para exercitarem as mesmas funçoens. Que naõ tinhaõ poder algum coactivo nos Christaõs, conforme a doutrina do Evangelho; que castigavaõ somente refuzando os Sacramentos aos Peccadores escandolozos, ou que recahiaõ no mesmo peccado, e ás vezes até á ora da morte: que impunhaõ penitencias graves por muitos annos, á aquelles que espontaneamente procuravaõ aliviar a sua consciencia pelo Sacramento da Penitencia.

Mostrei que Constantino Magno foi o primeiro que governou o Estado Civil, por estas Leis e regras das Congregaçoens Christaãs, e dos Conventos; dando Jurisdiçaõ aos Bispos de Pretores, e de Censores; premiando a continencia, e abrogando as Leis Civis do Imperio; e que deste modo ficáraõ os Bispos e os Prelados, Senhores das Escolas da Mocidade, e Censores dos Costumes Civis.

Que os Bispos augmentáraõ a sua auctoridade no temporal tanto que os Monarchas Godos ja Christaõs lhes deraõ terras, e villas em propriedade, e com Jurisdiçaõ de vida e morte; ainda que com obrigaçaõ de irem á guerra com os seos villoens. Que esta auctoridade no civil cresceo pelas Leis das dittas Monarchias, nas quais todos aquelles que eraõ Senhores de terras com Jurisdiçaõ, tinhaõ assento nos Parlamentos, e nas *Cortes* que celebravaõ frequentemente.

Que como a ignorancia era universal, que ninguem sabia ler nem escrever, exceptuando os Ecclesiásticos; que por essa cauza elles eraõ os Concelheyros dos Principes, os Chanceleres, os Embayxadores, os que redigiaõ os actos das *Cortes*, os que eraõ Secretarios, Juizes, Notarios, Advogados, e os Medicos. Que os mesmos Reis cahiraõ na ignorancia que reynava, porque os seos filhos, e da Nobreza, eraõ educados nos Conventos.

Que todo o ensino que houve na Europa até á perda

do Imperio Grego no anno 1453 estava nas Sés, nos Conventos e Universidades, adonde todos os Mestres eraõ Ecclesiasticos, ou que viviaõ conforme a Disciplina Ecclesiastica estabelecida por muitos Concilios, e principalmente os de Toledo, que duráraõ até o anno 701; pelas falsas Decretais de Isidoro Mercator, e sobre tudo pelo Decreto de Graciano, pelas Decretais, e pelas Clementinas.

Que as Monarchias Godas eraõ totalmente ignorantes da sua Jurisdiçaõ: que davaõ villas e cidades com ella a seos filhos e molheres, e outros subditos que naõ conheciaõ outra que de primeiros Generais; e que por essa cauza os Ecclesiasticos, nesta ignorancia dos *Direitos* da Magestade, os absorberaõ, e uzáraõ delles, como Senhores. Que naõ distinguiraõ nunca entre o Christaõ e o Rey, e o Homem; que tinhaõ por maxima, e que ainda se conserva hoje, que o Estado de Christaõ apaga o Estado de Rey, de Magistrado e de Homem; e que deste modo elles eraõ os Senhores de tudo que dependia do Christaõ, do Homem, do Subdito, ou do Soberano. E para que se comprenda como foi governada a Europa Catholica por treze seculos, trarei um exemplo que o mostrará evidentemente. Pareceme que vejo um Sachristaõ ensinando a doutrina christaã, rodeado de meninos: por cada erro, ou falta que algum, ou por ignorancia ou por inadvertencia, fez, o castigo he immediato, sem distinçaõ se he filho de Nobre, ou plebeo, ou se he livre ou escravo: todos estes ouvintes recebem aquelle castigo com a mayor submissaõ.

Mostrei que as Universidades Catholicas saõ de Instituiçaõ Ecclesiastica, e que nellas se ensinaõ sómente aquelles conhecimentos, que conservaõ e augmentaõ a auctoridade e primazia dos Ecclesiasticos; e que sendo sómente da sua obrigaçaõ ensinar nas Igrejas, e nas Sés a Doutrina Christaã, a Theologia, e as Escrituras Sagradas, que por sua auctoridade e direçaõ ordenáraõ ensinar as sciencias humanas, sobre as quais naõ tem nem devem ter inspeçaõ algũa; que os Privilegios dos primeyros Emperadores Christaõs aos Bispos, a ignorancia dos Reys Godos, e Visigodos, o terem assento em Cortes, e possuirem terras com jurisdiçaõ civil, foi a cauza que os mesmos uzurpáraõ governar pelas leis da Igreja o Estado, como taõbem ensinaõ as sciencias humanas, ainda que taõ precariamente, que vem ser inuteis ao mesmo; que nas Universidades naõ se ensinaõ a Physica, a Historia Natural, as Mathematicas, a Astronomia, a Philosophia Moral, o Direito das Gentes, nem as nossas Ordenaçoens, Sciencias das quais necessita o Estado para o seu bom governo, e augmento: e que só ao Soberano pertence fundar estes Estudos, e aos Mestres Seculares ensinar nelles; do mesmo modo que só he da Competencia dos Ecclesiasticos ensinar a Theologia, Escritura Sagrada e Canones, e a elles mesmos estudar estas sciencias.

Que Sua Magestade he o Soberano Senhor de fundar Universidades ou Escolas onde se ensinem as sciencias naturais, e as Civis, naõ dependendo estas por nenhum principio da auctoridade Ecclesiastica: que tem a mesma para decorar com honras aos que tiverem estudado com applauzo, sem intervençaõ do Summo Pontifice, ou dos Bispos.

He o que por agora ouzo prezentar a V. Illustrissima;

e se achar que foi do seo agrado o que acabo de escrever, continuarei o que tenho meditado sobre a Educaçaõ da Mocidade Portugueza, e a dar as mais incontestaveis provas do mayor respeito que conservo para
V. Illustrissima, que Deos guarde muitos annos.

Illustrissimo Senhor:

Na introduçaõ assima vio V. Illustrissima, que toda a Educaçaõ que tivemos até os nossos tempos, foi conforme as maximas Ecclesiasticas, tanto nas Escolas do Latim e Philosophia, como nas Universidades. Agora mostrarei os seos effeitos: mostrarei as Leis que sahiraõ deste ensino; e taõbem os costumes que sahiraõ destas Leis: mostrarei de passo o prejuizo que recebeo o Reyno, e a Religiaõ; e que se o Reyno se podia conservar com aquella Educaçaõ em quanto havia conquistas, e podia conquistar, que actualmente naõ as havendo já, que se deve mudar aquella antiga Educaçaõ que tinhamos; e que por existir ainda hoje, que vem a ser mui prejudicial ao Estado. Ajuntaõ-se a estes inconvenientes que o nosso Estado actualmente he hũa mistura da Constituiçaõ Gothica, e da Constituiçaõ daquellas Monarchias, das quais a base consiste no *trabalho* e na *industria:* porque conservando as conquistas, e as Colonias que temos, somos obrigados (a) conserval-as pela *agricultura* e pelo *commercio;* e para fundar estes empregos, e conservalos, como base do

Estado, necessitamos derogar as Leis Gothicas que temos, que se reduzem aos excessivos Privilegios da Nobreza e ás Immunidades dos Ecclesiasticos, as quais contrariáraõ sempre todo o bom Governo Civil. Em quanto existirem estes obstaculos, que saõ firmados pelas Leis das nossas Ordenaçoens, he impossivel introduzir-se hũa Educaçaõ universal da Mocidade destinada a servir a sua patria no tempo da *occupaçaõ* e do *descanço*, no tempo da *paz* e da *guerra*.

Eu bem sei, Illustrissimo Senhor, que nem tudo se pode fazer de hũa vez; bem sei que os obstaculos que impedem o bem, devem ser attendidos muitas vezes com mayor ponderaçaõ, do que o proveito e utilidade que se vai buscar, quando forem vencidos: mas se tudo se naõ pode fazer, he da obrigaçaõ do juiso humano prever tudo, e conhecer as cauzas das desordens presentes, para evitalas, ou supprimilas pelo discurso do tempo. Espero do claro entendimento de V. Illustrissima que naõ accuze o meu obediente e fervoroso animo no serviço de S. Magestade, se adiantar algũa decisaõ que indique erigirme em Legislador, ou que reprovo as Leis fundamentais do Reyno. O meu intento he declarar á V. Illustrissima o que tenho pensado e penso sobre o Estado de Portugal; hũas vezes lendo, outras escrevendo, e meditando depois de muitos annos: naõ pretendo que se siga o que o meu reverente animo ouza communicar á V. Illustrissima; nem confio de mim tanto, que me persuada seja irrefragavel o que digo. No cazo que me engane, será um proveito para a Patria, que tenha Subditos que com milhores e mais acertadas razoens, me contradigaõ; porque esses mesmos aceitaraõ com milhor methodo, de propor as Leis pelas quais se deve governar o Reyno e a Educaçaõ da Mocidade.

§.

Effeitos que cauʒáram em Portugal as Escolas,
e as Universidades da Europa e do mesmo Reyno

Vio, V. Illustrissima, na introducçaõ assima a total ignorancia dos povos Christaõs da Europa desde o anno de 600, até o de 1400: e que só os Ecclesiasticos por saberem ler, e escrever a Lingua Latina, e algũas sciencias, tinhaõ no seu poder a Legislaçaõ dos Reynos Christaõs, e toda a Educaçaõ da Mocidade, e ainda aquella dos mesmos Reis, educados nos Conventos e sempre ensinados por Ecclesiasticos. Vio, V. Illustrissima, taõbem que toda a Christandade foi governada pelos Papas, e pelos Bispos, e que sem a menor repugnancia obedeciaõ, naõ só a abraçar a doutrina, mas ainda o castigo. Deste modo he que fizeraõ Leis de Disciplina que existem no Decreto, e Decretaes; erigiaõ-se Universidades com os seus Estatutos Ecclesiasticos, adonde aprendiaõ aquelles Subditos que haviaõ de servir hum dia a sua patria, nos Cargos de Conselheyros de Estado, de Secretarios de Estado, de Magistrados, Juises, Advogados, Embayxadores, Enviados, etc. E que estes naõ tendo aprendido outra sciencia nem conhecimento scientifico, (como taõbem os Reis dos seos Mestres) que nas Universidades dittas, era força que tudo o que fizessem publica e particularmente, fosse conforme as Leis decretadas pelas Decretais, e ensinadas nas Universidades.

Desta Origem vieram as nossas Leis e as nossas Ordenaçoens. Joaõ das Regras, ensinado na Universidade de Bolonia por Bartholo, ordenou em hum volume as Leis de Portugal, que andavaõ dispersas, e lhes ajuntou as Leis do Codigo, com as Interpretaçoens de Bartholo e Acursio, que valeriaõ por leis, e assim as publicou no anno de 1425. No tempo del Rey Dom Affonso o Quinto, o Infante Dom Pedro sendo Regente, foraõ reformadas: el Rey Dom Manoel, no anno de 1514, as mandou publicar com este titulo, *Ordenaçoens do Reyno de Portugal:* foram reimpressas com augmentaçoens por mandado dos Reis Dom Joaõ o III, Dom Sebastiaõ, Dom Felipe o Primeiro, e Terceiro, Dom Joaõ o Quarto, Dom Pedro, e Dom Joaõ o Quinto. E em tantas e taõ variadas impressoens sempre esta obra constou de cinco livros, e cada hum de diversos titulos, que se foraõ augmentando ou diminuindo conforme os directores da impressaõ, como diz Diogo Barbosa Machado na sua Bibliotheca Lusitana, no articulo *Joam* das Regras.

A primeira Educaçaõ regular de que temos noticia da Historia, começou no tempo del Rey Dom Dinis; elle mesmo foi educado por Mestres Francezes, e particularmente por Dom Aymerico, que foi Bispo de Coimbra, que seu pay Affonso Terceiro tinha visto em França, quando estava cazado com a Condessa Mathilde. Este Principe assim educado, tanto que possuio o throno, erigio hũa Universidade, onde se ensinava o Direito, e a Medecina; porque a Theologia se ensinava nos Conventos de S. Domingos e S. Francisco. Continuou esta Universidade hũas vezes em Lisboa, outras em Coimbra, até os nossos tempos; e sem embargo que nella aprendia a Mocidade Portugueza, sempre aquella que mais se queria distinguir sahia aprender em Bolonia, Florencia, e Paris, como era costume no tempo del Rey Dom João o Segundo, el Rey Dom Manoel, e Dom João o Terceiro, particularmente em Paris. O Chanceller Mor João Teyxeyra, e seu filho Luiz Teyxeyra, Jurisconsultos doutissimos, tinhaõ aprendido em Florencia, e este ultimo com Angelo Policiano.

As sciencias que se ensinaõ e ensinavaõ nestas Universidades desde o seu establecimento tanto em Portugal, como no resto da Europa Catholica, sempre foraõ as mesmas; e as decisoens do Decreto, das Decretais e das Clementinas foraõ taõ observadas e ensinadas como as decisoens do Concilio de Trento: a Mocidade naõ podia aprender outra doutrina; e quando vinhaõ a ser Magistrados Dezembargadores do Paço, e em outros Tribunaes, naõ podiaõ propor lei algũa nova, ou abrogar algũa velha, que naõ fosse conforme á doutrina recebida que aprenderaõ nas Universidades Catholicas; e como os Reis naõ tinhaõ outra sorte de Mestres, nem de Conselheyros, firmavaõ tudo o que se lhes propunha, julgando-o util para a conservaçaõ do Estado.

Deste modo he que se compuzeraõ as *Ordenaçoens*; e vemos nellas aquellas leis em favor dos Ecclesiasticos, como se naõ fossem reputados Subditos do Estado. «*Que sejam exemptos, e excusos de pagarem decima, portagem, siza, do que comprarem e venderem, elles e todos os seos domesticos. Ord. liv. 2. tit. xi. Julgam todas as cauzas Mixtifori*, naõ sendo preventos pelas justiças seculares (o que succede rarissimas vezes).

Ord. liv. 2. tit. ix. Que as Justiças do Reyno executem tudo o que a inquisiçaõ lhes ordenar. Ibi. tit. vi.» e outras mais immunidades, e Jurisdiçaõ em materias quando *ouver peccado,* como poderaõ ver mais particularmente os que amarem esta indigaçaõ, nas mesmas Ordenaçoens.

Como os Dezembargadores que propuzeraõ as ditas ordenaçoens naõ tinhaõ aprendido a differença entre hũa Monarchia fundada e conservada *com a espada,* e entre aquella fundada pelo *trabalho e industria,* seguiraõ cegamente na sua composiçaõ, mesmo até os nossos tempos, as maximas da nossa antiga Monarchia, que essencialmente he a Gothica; conserváraõ nellas aquelles exorbitantes privilegios aos Fidalgos, e aos Dezembargadores. «Que os seus domesticos, lavradores, criados, naõ paguem peitas, fintas, pedidos, nem talhas.» Ord. liv. 2. tit. 58 & 59. As suas pessoas naõ podem ser prezas por dividas nem venderem-se os Morgados, nem serem prezos por crimes leves. *Ibi. liv.* 5. *tit.* 120. *liv.* 3. *tit.* 54. §. 15. *liv.* 5. *tit.* 134, & *tit.* 25. e outros muitos que se lem em muitos logares das mesmas Ordenaçoens.

Desta Origem aquellas Leis, destrutivas da agricultura, e do Comercio sobre os *Reguengos;* almotaçar as carnes, o peyxe, os frutos, e o paõ; prohibirem que se possa negocear com os frutos e sementes, como se faz comercio com os panos de Linho e de Lam: he verdade que os Reis igualmente instruidos fizeraõ, de seu moto proprio. Leis destruidoras do Estado e da Agricultura.

El Rey Dom Joaõ o segundõ por hum mal entendido

zelo ordenou que se executassem as Bullas dos Summos Pontifices, sem serem revistas pelos seos Ministros; o que estava em uzo de antes, e establecido por muitas Concordias ou Concordatas entre os nossos Reis e os Papas. El Rey Dom Manoel estando em Çaragoça decretou hūa Lei, de seu moto propio, sem intervençaõ das Cortes, pela qual eximio todos os Ecclesiasticos (de) pagarem peitas, sisas, e outros tributos, *que pagavam de antes,* como os *Leigos,* como diz o seu Cronista Damiaõ de Goes. E o mesmo Rey decretou outra, com summa perda da nossa agricultura, que os frutos e sementes que desembarcassem nos portos do Reyno. sendo estrangeiros, naõ pagassem tributo, portagem, nem outro qualquer direito. A ignorancia do *Jus* da Magestade, da obrigaçaõ que tem todas as terras, rios, portos, mares, e enseadas de pagarem ao Estado a proporçaõ do seu rendimento; a ignorancia da obrigaçaõ que todos os subditos tem de pagarem, ou com os seos bens, ou com o serviço pessoal, tassas ao Estado, foi a causa daquellas Leis das Ordenaçoens, e Leis decretadas por estes Reis.

§.

Continūa a mesma Materia. Effeitos que causaram nos costumes as Leis referidas

Estes privilegios e immunidades foraõ a cauza dos Custumes depravados, e por consequencia da má Educaçaõ, foraõ os que perderaõ a igualdade entre os Subditos, considerados unicamente como Subditos de hum Estado Civil; e destruida esta igualdade, ja naõ pode haver justiça, propriedade de bens, respeito aos

6

Magistrados, nem subordinaçaõ. E eu, Illustrissimo
Senhor, naõ escrevo este papel que para introduzir esta
Educaçaõ : naõ emprego tanto tempo para propor meyos
que facilite a Mocidade Portugueza ser douta ; o meu
intento he propor, e persuadir mesmo que seja boa, e
util a sua patria, considerando as sciencias que ha de
aprender como meyos, mas naõ por ultimo fim.

Eu bem sei que para conservar a Constituiçaõ da
Monarchia Gothica, que eraõ necessarios tantos privilegios como tem hoje a Fidalguia, porque até o tempo
del Rey Dom Joaõ o terceyro, conservandose o Reyno
pela conquista, e conquistando, era indispensavel entaõ
premiar taõ prodigiozamente á aquelles que se empregavaõ naquellas guerras. Mas como trato agora dos
effeitos que cauzáraõ estes *privilegios* nos Custumes e
na Educaçaõ, pouco importa que sejaõ fundados em
justiça, ou na sem razaõ.

O Fidalgo estando costumado aver criados e villoens
nas suas terras que pertencem á Coroa, e nos seos
Morgados, os trata em escravos ; isto he que o criado,
nem o villaõ diante do Fidalgo naõ he proprietario do
seu corpo, porque o senhor o maltrata quando quer ;
nem dos seos bens, nem da sua honra ; todo o bem
deste Subdito he precario. Daqui procede que no
animo do Fidalgo naõ ha justiça, porque naõ attende a
igualdade que deve existir entre elle e o seu criado, ou
villaõ ; destruido este vinculo da Sociedade, já naõ ha
excesso que naõ possa ser cometido por quem assim
foi criado. Como pela Ley do Reyno naõ pode ser
prezo por dividas, como os seos bens naõ podem ser
vendidos para pagal-as, daqui vem que este Senhor he

dissipador, nem sabe o que tem, nem o que deve; perde toda a idea da justiça, da ordem, da economia; pede prestado com mando, maltrata, e arruina aquem lhe refuza; os seos domesticos imitaõ este proceder, e cometem á proporçaõ as mesmas faltas: o povo nas cidades, nas villas, e nas aldeas imitaõ em todo o mundo, o trato e os costumes dos Senhores das terras; e bastaõ dois delles em hũa Comarca establecidos, para fazerem perder nella toda a idea da equidade e da justiça.

Estes saõ os effeitos destes Privilegios da Fidalguia nos Custumes dos Criados, e dos Villoens; mas o peyor he que fica frustrado o Cargo dos Magistrados, e o *Jus* da Magestade. A Fidalguia por estes Privilegios despreza as Justiças do Reyno, e pelo menos dentro de si as considera para castigar somente os seos inferiores que saõ o povo; resiste, e insulta a todo o Magistrado que quer executar a incumbencia do seu cargo: considerem-se estas consequencias, e que as Leis das nossas Ordenaçoens saõ a cauza dellas.

Mas as immunidades dos Ecclesiasticos, expressadas nas nossas Ordenaçoens, destroem toda a subordinaçaõ, toda a igualdade, e toda a justiça do Estado Civil: que a pessoa do Ministro da Religiaõ seja respeitada, considerada, que fique isenta de todo o cargo publico, e de servir pessoalmente ao Estado, he da obrigaçaõ do Estado Civil Christaõ; mas que os seos criados, e familia, as suas terras, o que compraõ e vendem, estejaõ privilegiados, naõ pagando as alfandegas, etc., como pagaõ os Leigos, isso he arruinar o Estado Civil, e por ultimo destruir a Santidade da Religiaõ. Naõ necessito outra vez pôr deante dos olhos de V. Illustrissima, que os bens da Coroa, que deraõ os nossos Reis ás Ordens Militares, aos Bispos, e aos Prelados, como aquelles que derão aos Senhores, era com expressa obrigaçaõ de irem á guerra, e fazella aos Mouros que eraõ inimigos de dia e noite pois que estavaõ ainda establecidos em Portugal: foraõ por ultimo expulsados; acabouse a obrigação que tinhão os Ecclesiasticos, ficáraõ lhe as terras sem nenhũa e por consequencia ficou o Estado defraudado daquelle Serviço Militar, ou dos rendimentados daquelles bens.

Os Ecclesiasticos por estas immunidades, e pelas Leis do Direito Canonico, e pelos Privilegios dos nossos Reys se consideraõ huma certa Monarchia, cuja cabeça he o Papa; independente del Rey para obedecer lhe, e para servilo, nem com os seos bens, nem com os seos domesticos: consideraõ-se superiores ás Justiças do Reyno, e a todos os que os servem; que os bens que tem, e os tributos que não pagaõ, que lhes são devidos, como um tributo á Igreja, e naõ por favor e graça dos Reis. Basta apparecer hum Frade na Alfandega, para tirar a mercancia que quer; porque o respeito que está de posse do animo dos Guardas e do Provedor, e o medo da excomunhaõ em que incorreriaõ se lhe resistissem, deyxavaõ fazer o Frade e o Clerigo ousado; e com razaõ, porque sabe que ninguem se atreverá a tocar-lhe: nas Provincias conservaõ o mesmo despotismo com os Juizes, com os Meyrinhos, e com todos os Subditos, quando querem exercitar os seus cargos.

Os effeitos que cauzaõ estas prerogativas nos animos dos Subditos saõ perderem o habito de exercitarem a

sua obrigaçaõ nos seos cargos, contra o juramento que
deraõ quando entraraõ nelles: depois perdem aquella
inviolavel veneraçaõ que devem ter para as Ordens do
seu Soberano, vicio o mayor que pode haver em húa
Monarchia, perdese toda a idea da igualdade, da justiça,
e do bem comum, que deve existir no animo do mais
infimo Subdito. Deste modo cada Portuguez quer ser
Senhor no seu estado; reprehende ao rapas que vae
cantando pela rua, porque lhe naõ agrada; e julga
que tem authoridade para fazello emmudecer. Está
em companhia, observa algũa acção que lhe naõ agrada,
com a mesma fantastica authoridade o reprehende e
o maltrata, porque se imagina Senhor, e porque o
Fidalgo faz o mesmo, e o Ecclesiastico, ainda muito
mais nas acçoens que naõ saõ da sua competencia.
Por estes privilegios e immunidades fica húa Naçaõ
taõ dividida entre ella mesma, que vem a ser inso-
ciavel; por isso sempre armada, sempre em defensa,
como se os seos compatriotas fossem seos inimigos
declarados.

Mas o mayor mal que cauzaõ estas Leis vem a ser,
que cada dia estaõ sahindo do estado de villaõ e de
cidadaõ muitos e muitos Subditos, para entrarem naquelle
da Nobreza, e dos Ecclesiasticos. Todos os homens
levaõ por objecto nas acçoens que fazem, ou no trabalho
que emprendem, o proveito, a distincçaõ, e a honra;
e se lhes faltaõ estas esperanças, esmorecem, e perdem
todos os estimulos para obrar. Em Portugal todo o
que naõ nasceo Nobre, ou naõ he Ecclesiastico, dezeja
vir a ser menbro destes dois Corpos respeitaveis, adonde
a conveniencia, a honra, a distinçaõ e o proveito tem

ali o seu assento: o Lavrador, o Obreyro, o Official trabalhaõ dia e noyte para fazerem hum Clerigo, hum Abbade, e hum Cavalheyro do Habito de Christo; hũa viúva e tres ou quatro filhas estaõ fiando dia e noyte para meterem um filho Frade, pela honra que dará á familia, e porque vindo a ser Pregador ou Provincial a establecerá toda com honra e cabedais. Todo o Comum do Reyno está continuamente trabalhando, e forcejando para sahir do estado em que naceo; todo se considera violentado, porque lhe falta aquelle Senhorio que vé no Nobre, e no Ecclesiastico: para isto servem as Leis que temos, e para isto somente he que gasta o Reyno tanto, na Educaçaõ das Escolas e das Universidades.

Pezame, Illustrissimo Senhor, ser obrigado a dizer aqui sem rebuço, que naquelles Estados que tem por base a sua conservação no *trabalho*, e na *industria*, não ha nelles nenhuma sorte de Subdito mais perniciozo a sua harmonia, do que he hum Nobre, ou hum Fidalgo com os Privilegios que lhe permettem as nossas Ordenaçoens. A Nobreza he essencial naquellas Monarchias Gothicas como a nossa, em quanto dependia a sua conservação de conquistar e de subjugar os seos inimigos; mas logo que se acabou a conquista, logo que não houve que conquistar, he necessario que o Legislador mude as leis: o Estado que tem terras e largos dominios, e que delles ha de tirar a sua Conservação, necessita decretar Leis para promover o trabalho e a industria, e derogar ou abrogar aquellas que se estableceraõ no tempo que adquiriaõ com a espada.

Deste modo podiaõ ficar os Ecclesiasticos possuidores das villas, e terras que tem; podia Alcobaça ficar com as suas trinta e duas villas, e a ordem de Malta com quatorze ou quinze: mas que pagassem aquelles bens de raiz do mesmo modo que os dos villoens; que os mesmos lagares, moinhos, e azenhas não tivessem privilegios; que a jurisdição que tem tornasse á Coroa de donde sahio, e que o equilibrio entre os bens do Subdito se restablecesse, para fundar-se aquella tão natural Ley da propriedade dos bens, base da Monarchia fundada no *trabalho* e na *industria*, entre as quais entrou a nossa, depois que não temos que conquistar, o que veremos pelo discurso deste papel.

No anno de 1500 pouco mais ou menos, Henrique Septimo de Inglaterra queria diminuir os privilegios da Nobreza (que gozava dos mesmos como a nossa), e ao mesmo tempo queria introduzir a agricultura e o comercio, desconhecido antes naquelle Reyno; sem violentar nenhum Nobre, sem tirar-lhe nenhum privilegio executou o que quiz, e foi a base da grandeza daquella Monarchia. Decretou huma ley: Que cada Barão, ou Senhor de terras vinculadas, ou pertencentes á Coroa, ou a Morgados, ficava authorisado de as vender, alienar, ou arrendar, dispondo-se de toda a posse e uzo-fruto dellas. O que succedeo que foi como naquelles tempos começava o luxo, os Senhores pouco a pouco foraõ vendendo, e alienando as suas terras, as quais compravaõ áquelles que tinhaõ dinheyro; deste modo vieraõ os bens livres e se introduzio a igualdade e a justiça naquelle Reyno, e foi conhecida a propriedade dos bens de cada Subdito.

§.

Continúa a mesma materia. E sobre a Escravidam,
e sobre a intolerancia Civil

Temos visto que da Educaçaõ das Escolas e Universidades procederaõ as nossas Ordenaçoens; temos visto
que das Leis que temos, procedem os nossos custumes:
agora veremos que dos privilegios da Fidalguia con-
cedida pela constituiçaõ da Monarchia Gothica, se seguio
a *escravidam.*

He facil conceber esta consequencia: porque todas
as Naçoens conquistadoras como as do Oriente, os
Gregos, Romanos, e Godos, conheceraõ, e uzaraõ dos
povos vencidos por escravos. Esta pratica se conservou
em Portugal pela conquista do Reyno contra os Mahometanos; e se continuou pela conquista de Guiné e de
Angola. Hoje he permitida em todo o Dominio Portuguez; e naõ creyo que até agora ninguem cuidou ponderar os males que causa ao Estado, á Religiaõ, e á
Educaçaõ da Mocidade.

A escravidaõ sem termo, como he a que se practica
em Portugal, he pernicioza ao Estado. Porque não
recupéra pelos Escravos, os Subditos que perde na
conquista, na navegaçaõ e nos establecimentos que tem
na Africa. Já disse que os Romanos permitiaõ aos escravos cazaremse, mesmo ainda com as molheres Romanas, e que os seus netos vinhaõ a ser cidadoens, e
deste modo cada anno recuperava a Republica pela escravidaõ, o que perdia pela conquista. Portugal naõ
tem senaõ a perda dos Subditos por estas victorias e
acquisiçoens.

Eu não posso conceber como os Ecclesiasticos não tem remorsos de consciencia em permitirem que fique escravo o menino que naceo de Pay ou May escrava, no meyo do Reyno e da Religião Catholica. Que o adulto que foi captivo, ou comprado na Affrica, ou na Isla de S. Lourenço, fique escravo depois que foi bautizado, passe por razoens politicas, e naõ por aquellas do Evangelho; mas que o mesmo se uze com seu filho nacido nos Dominios Portuguezes, e bauptizado nos braços da May Christaã, isto he para mim incomprehensivel! Aqui só saõ incoherentes as maximas Ecclesiasticas: ellas governáraõ a Republica Christaã e Civil, estendendo o seu poder fora da Igreja, e governando a Sociedade Civil em todo o Dominio da Monarchia como vimos: mas pela Religiaõ Christaã todos os Fieis saõ iguais em quanto observaõ os Mandamentos da Igreja; porque consentem os Ecclesiasticos esta desigualdade de Escravo e Homem livre entre os mesmos Christãos; porque naõ estendem fora da Igreja esta igualdade, e fazem entrar os Escravos Christaõs na classe do Subdito livre, e cidadão? Esta contradiçaõ he notoria; e indigna de conservar-se na Christandade, pela honra, pela Santidade, e pela veneraçaõ que devemos ter para a Religiaõ Christaã.

Se eu pretendera sómente que a Mocidade Portugueza fosse perfeitamente instruida, como ja disse assima, não havia de reprovar a *Escravidam* introduzida em Portugal: o meu intento he que seja dotada de humanidade, de aquelle amor de conservar os seos semelhantes, e de promover a paz e a uniaõ da sua familia, como aquella de toda a sua patria. Mas não he possivel

que se introduzaõ estas virtudes em quanto hum Senhor
tiver hum Negro a quem dá hũa bofetada pelo menor
descuido; em quanto cada menino, ou menina, rica,
tiver o seu negrinho, ou negrinha.   Aquella Companhia
taõ intima pela criaçaõ altera o animo daquelles Se-
nhorinhos, que ficaõ soberbos, inhumanos, sem idea
alguma de justiça, nem da dignidade que tem a natureza
humana.   Eu vivi muitos annos em terras adonde a
escravidaõ dos Subditos he geral, e vi e observei que
nellas naõ se concebe idea *da humanidade*, e coração
maviozo, capas de obrar acçoens de justiça, de ordem,
com aquelle amor para a especie humana.   Por esta razaõ
naõ creyo que se poderá establecer jamais educaçaõ
boa nem perfeita naquelle Estado, adonde a Escravidaõ
estiver introduzida, ou a tempo, ou sem termo.   Esta
materia he taõ clara que com razoens ninguem se poderá convencer, se elle mesmo naõ reflectir interiormente, lembrandose do que vio, e ouvio nesta materia,
e cada Portugues terá muitas provas do que digo assima.

Como dos *Privilegios* dos Fidalgos e da Nobreza
procedeo a *Escravidam*, assim das *Immunidades Ecclesiasticas*, procedeo a *Intolerancia Civil*.

Mas aqui, Illustrissimo Senhor, necessito eu mais o
seu favor e a sua benignidade, para permittirme que
diga alguma couza de hũa materia, da qual ninguem
ouzou mesmo fallar onde o poder Ecclesiastico teve o
menor ascendente nas monarchias.   Nem persuado,
nem aconcelho nos nossos dias, a *Liberdade da consciencia* nos Dominios de sua Magestade: nem escreverei
contra as decisoens da Igreja universal, ás quais sempre
me submeto, sendo hũa das principaes, que fora da

Igreja não ha salvaçaõ; nem contra os Politicos que assentáraõ, ha 200 annos, que a donde existirem muitas Religioens com liberdade de consciencia no mesmo Estado, que haverà sublevaçoens, guerras civis, traições, e ruina total do Estado, que he o mayor mal que pode succeder ao genero humano em Sociedade.

Eu não farei agora sobre as referidas decisoens, mais do que algũas observaçoens fundadas no conhecimento das cousas ordinarias, e na experiencia que tenho dos Estados onde a liberdade de consciencia he permitida e premiada: nem me valerei de authoridades, nem ainda daquellas sagradas, nem dos Santos Padres, a favor da Tolerancia, mesmo Christaã; e por ultimo mostrarei a V. Illustrissima, o prejuizo e o dáno que cauza á boa educação a Intolerancia, e que parece impossivel introduzir-se o *trabalho* e a *industria*, como base de hũa Monarchia, onde existir esta Lei.

Que nas Congregaçoens dos primeyros Christaõs, que nos Conventos não fosse nem seja permitido Christaõ ou Frade, que não seja da mesma Religião, he justo e he necessario, porque a sua Constituição e consentimento comum assim o requeria: mas que estas Congregaçoens, ou Conventos queyraõ obrigar com prizoens e excomunhoens aos Subditos do Estado que sejaõ Christaõs, he contra a Ley Christaã, que ordena naõ violentar as consciencias de quem naõ he ainda Christaõ: a questaõ agora he se estas Congregaçoens, ou Igrejas Christaãs tem poder coactivo para obrigar á hum Christaõ bauptizado ja, á continuar na pratica da mesma Religiaõ no cazo que naõ queyra observala, ou mesmo declamar e escrever contra ella?

Nenhum Bispo, nem Prelado tem poder coacitvo, nem mesmo por auctoridade divina: todo o seu poder he espiritual. Os Emperadores Romanos do quarto e quinto seculo concederaõ algum poder aos Ecclesiasticos sobre os Seculares Christaõs; e este poder se augmentou quando os Bispos vieraõ em França, e em Espanha Senhores de terras com jurisdição, como vimos assima. Mas este poder de que uzáraõ, e uzaõ ainda os Bispos, e o seu Appendix que he a Inquisiçaõ, he hũa uzurpaçaõ da Jurisdiçaõ da Magestade; e he contrario á instituiçaõ da Religiaõ Christaã. O Poder Ecclesiastico he e deve ser sobre aquelle Christaõ que vai espontaneamente offerecerse á Igreja para satisfazer á sua consciencia: mas não tem direito nenhum sobre aquelle christaõ, ou Gentio que não quer entrar na Igreja. Logo os Ecclesiasticos não podem assentar por maxima universal que a Tolerancia, ou Liberdade de consciencia, he Contraria á Conservação da Religião. He contraria na verdade naquellas Congregaçoens Christaãs, e Conventos; he contraria entre os mesmos socios, e que vivem de comum consentimento em communidade de bens, mas de nenhum modo he contraria á conservação do Estado Civil.

Ponhamos diante dos olhos o que se practica em Hollanda, e sobre tudo em Russia: nestes dois Estados tem livres exercicios todas as Religioens, que naõ saõ contrarias ás Leis fundamentais delles. Em Hollanda, como em Russia ha Igrejas Catholicas Romanas; os Catholicos que vivem ali vaõ espontaneamente á Igreja, e se conformaõ á doutrina e á disciplina Christaã Catholica: hum destes, por exemplo, se naõ quiz confessarse, se quiz mudar de Religiaõ, ser Calvinista, ou da Religiaõ Grega, que he a dominante de Russia, o Parrhoco, ou Missionario naõ tem que fazer com este Apostata; negalhe os sacramentos, e obriga-o a sahir da Igreja, se quer entrar nella: mas naõ tem outro poder. Mas se este Apostata cometeo algum crime, ou fez acçaõ contraria á Ley civil da terra, he castigado por ella. Deste modo se vê o que he a *intolerancia Christaã* e o que he a *tolerancia civil:* esta pode existir sem prejuiso algum da Religiaõ Christaã; mas aquella naõ, por que o Apostata poderá persuadir a seus antigos Irmaõs·em communidade de largar a Religiaõ, como elle fez.

A experiencia de quasi trezentos annos a esta parte mostrou estes dois principios, incriveis, e mesmo absurdos no tempo de Carlos quinto e de Phelipe segundo; saõ estes, 1.º Que nos Reynos adonde ha liberdade de consciencia, cada dia sahem das Religioens toleradas, que deyxaõ e abjuraõ, para abraçarem a Religiaõ dominante. 2.º Que em todos os Reynos onde existe a intolerancia civil, que cada dia perdem Subditos, que abjuraõ a Religiaõ dominante, para abraçarem outra, ou tolerada no mesmo Reyno, ou dominante nos outros Reynos.

No Imperio dos Turcos cada dia os Christaõs Gregos, Armenios, e de outras Religioens abraçaõ a Religiaõ Mahometana: em Inglaterra os Christaõs chamados Quakers ou Tremedores e Anabaptistas, e outros, abraçaõ a Religiaõ Anglicana. Em Russia do mesmo modo tem feito muitos Protestantes, Catholicos, e Mahometanos abraçando a Religiaõ dominante que he a

Grega. Pelo contrario em Italia, França, Castella e Portugal, adonde existe a intolerancia civil, taõ severamente observada, cada dia sayem Italianos a ser Protestantes, Socinianos, e ás vezes Turcos. De França se conta que cada anno sayem entre quatro a cinco mil para abraçarem o Calvinismo. De Castella e Portugal naõ quero dizer quantos sayem abraçar o Judaismo, o Mahometismo, e o Protestantismo: mas he certo que na Suissa, Inglaterra e em Hollanda ha muitos destas Naçoens que naõ saõ Catholicos Romanos.

A intolerancia dos nossos Bispos e Missionarios nas Indias Orientais foi a original cauza que os indios bautisados se fizeraõ Calvinistas, que ficaraõ na Dominaçaõ dos Hollandezes, dos Inglezes e Dinamarquezes: a intolerancia dos Reis Catholicos, do Cardeal Cyreiros, e do Frade Torquemada fez hum prodigioso numero de Judeos e de Mouros, que vieraõ a ser os Corsarios de Tunes, Argel e Sale, que tem feito arrenegar tanto Christaõ, e destruido tanta riqueza nos resgates e nos navios, que vem da America, e que negoceam.

Em Hollanda, Russia, e Prussia, jamais houve a minima discordia, levantamento, traiçaõ por cauza da Religiaõ, em quanto por Leis esteve establecida a *liberdade* de consciencia universal a todas as Religioens. De onde se vé que a differença das Religioens naõ he contraria á paz, nem á concordia, nem á caridade que deve reynar no Estado Civil bem unido e bem governado.

Naõ he deste lugar, Illustrissimo Senhor, considerar aqui a Intolerancia Civil nos Reynos que conquistamos na Affrica e na Asia, porque vou applicar o referido á

Educaçaõ da Mocidade: mas de passo direi que era impossivel conservar o que conquistaraõ os Portuguezes, sendo intolerantes das Religioens daquellas Naçoens conquistadas: Naçoens, tanto a Mahometana ou Indiana, que naõ conhecem tal maxima, qual he a *Intolerancia:* toda a Asia e toda Affrica saõ tolerantes; e nós queriamos fundar nestes povos subjugados Imperio Portuguez.

Como a *Escravidam* cauza distinçaõ e preeminencia entre os Subditos, assim a *Intolerancia Civil* poem hum muro de separaçaõ entre o Christaõ da Religiaõ dominante, e o persecutado, ou o intolerado: com razaõ o Christaõ Catholico em Portugal, ou Castella, se considera milhor que o Calvinista, ou o Judeo de sinal, fallalhe com agrado pelo interesse, e na alma o despreza, e o tem como couza danada, indigno da humanidade e Caridade Christaã, porque naõ crê como elle. Assim se vai criando naquelle animo hũa aversaõ para a humanidade; hum odio para os Homens que naõ estaõ sujeitos ás mesmas ideas que elles crem, e adoraõ; daqui vieraõ aquellas tyranas inhumanidades, que exercitáraõ os Castelhanos na conquista da America, e nos taõ bem em alguns lugares de Affrica. Se a escravidaõ faz perder aquella igualdade civil que faz o vinculo e a força do Estado, a intolerancia faz perder aquella humanidade, que he o dezejo de a conservar para imitar o Supremo Creador, que tudo creou, e tudo está continuamente conservando.

Estes saõ os males que couzaõ a *Escravidam* e a *Intolerancia civil* á Educaçaõ da Mocidade; quem mais tiver a peito a sua perfeiçaõ e adiantamento, pensará de que modo se devem exterminar estes obstaculos.

§.

Que a nossa Monarchia se podia conservar
com a Educaçam Ecclesiastica, que tinhamos, em quanto
conquistava: mas que nam he sufficiente depois
de acabadas as Conquistas

Se as Leis se devem mudar, tanto que mudaõ as circumstancias nas quaes se conservava o Estado Politico civil; assim he necessario mudar a Educaçaõ da Mocidade no mesmo Governo. Como todo o intento do Legislador deve ser, conservalo e augmentálo, não hesitára jamais de começar a reformar o que se pode emmendar, sem que da emmenda ou reforma resulte mayor dano que beneficio.

As urgentes necessidades da Monarchia Gothica se reduziaõ á ter bons Soldados e Generais sempre promptos a guerrear, como hum exercito acampado: as Leis politicas e civis se continhaõ no limitado circulo das Assembleas geraes da Naçaõ ou Cortes; a propriedade dos bens, os conctratos e as successoens, sendo os povos Escravos, eraõ raras vezes postas em litigio, exceptuando no Tribunal das Cortes, nas quais os Juises, os Conselheiros, os Secretarios, os Letrados eraõ os Ecclesiasticos.

Deste modo naõ necessitáva o Estado mayores conhecimentos, nem establecimentos para conservarse; e seria entaõ inutil (até o anno de 1450 pouco mais ou menos) haver hum Tribunal para a Navegaçaõ e o Comercio. E como a Monarchia Gothica naõ conhecia o Direito das Gentes, considerando as mais Potencias como inimigas, daqui vem que naõ necessitavaõ ter Escolas, para aprender a Historia antiga e moderna, as Lingoas que se fallaõ hoje, aquellas sciencias que ensinaõ a governar os Estados e a conservalos por allianças e a dirigirem-se para perpectuar hũa paz com reputaçaõ da Monarchia.

Mas estas circumstancias em que se conservou a Monarchia acabáraõ, e se levantáraõ em toda a Europa outras mui differentes, e taõbem no Reyno, o que mudou totalmente o Estado Politico e Civil do mundo Christaõ conhecido.

D. Affonso o V, e Dom Joaõ o segundo, foraõ os primeiros Reis Portuguezes que da conquista das Ilhas de Guiné e de Angola tiveraõ riquezas, e os Subditos começaraõ a ter cabedais: trinta annos depois descobre Christovaõ Colombo a America, e o nosso Pedro Alvares Cabral poucos annos depois o Brazil: e no anno de 1497 descobrio Vasco da Gama a India Oriental. As riquezas que vieraõ destes Continentes descobertos, em ouro, prata, pedras preciozas, especiarias, sedas, roupas, e outras commodidades da vida para o luxo e para as artes, mudaraõ a face da Europa totalmente. E foi preciso a Portugal, e a Espanha acrescentar á constituiçaõ Gothica, com que se governava, aquella do *trabalho* e da *industria*, que naõ subsiste sem artes e sciencias.

Como em Portugal nem em Castella havia todos os materiaes para fazer navios, em taõ grande numero, para navegar para os novos mundos, os compravaõ em Genova e no Norte: como naõ tinhaõ fabricas, nem para todo o vestido, nem para o luxo, compravaõ estas

7

mercancias em Flandres, em França, Inglaterra e Allemanha, e taõbem em Veneza e Florença, Reynos que estavaõ ja com mais artes e fabricas do que nos tinhamos e os Castelhanos.

Lisboa e Sevilha vieraõ as feiras de todo o mundo; ali se trocavaõ as mercancias da Europa, pelas riquezas do Oriente e da America, como em Portugal naõ havia fabricas sufficientes, passavam de maõ em maõ aquelles thesouros até irem parar na maõ de quem trabalhou, o que passava a India, o que succedia igualmente com Castella. Deste modo toda a Europa mudou de face: de antes se conservava roubando e conquistando, depois das Descobertas dos novos mundos começou a conservarse pelo trabalho e industria, base da Navegaçaõ e do Comercio.

Outra novidade naõ menos notavel alterou o Governo Gothico da Europa, e foraõ as *sciencias* e o conhecimento da Historia Antiga. Mahomet II subjuga o Imperio Grego, e toma Constantinopla no anno 1453, dezampáraõ muitos Gregos, homens doutos, a sua patria, achaõ refugio em Italia, e proteçaõ no Papa Nicolau V, na casa de *Medicis,* e na de *Este:* communicaõ aos Italianos a Lingoa Grega, e as sciencias que nella se continha; e como de toda a Europa hiaõ estudar a Bolonia, Padua e Florença, em poucos annos se espalhou por toda ella, pelo menos aquelle conhecimento das Historias da antiguidade, a Eloquencia e a Philosophia Moral de Plataõ e de Aristoteles, e foraõ bastantes estes conhecimentos, para que toda a Europa mudasse o modo de pensar, em que tinha vivido quasi por 15 seculos. Desde aquelle tempo começáraõ os

Europeos a conhecer *Direitos da Magestade*; a *Juris-diçam Ecclesiastica*; a *Subordinaçam* aos Magistrados: e desta origem disputada e agitada com mil contro-versias, sempre com mayor animozidade, que caridade christaã, resultou o Lutheranismo e o Calvinismo, e outras iguais transaçoens, mostrandose que nenhum bem succede taõ puro aos homens na sociedade, que naõ vinha abrindo a porta a algũa desventura. Neste mesmo tempo se descobrio a arte da *Impressam*, ou em Francofort, Strasburgo ou Harlem, e se communicou por este meyo a sciencia taõ rapidamente, que vinte annos depois já muitos Europeos eraõ celebres nas Sciencias Divinas e humanas.

Já se tinha descoberto a polvora, e com a ajuda da Geometria edificáraõse fortalezas conforme as regras daquella sciencia; e mudou esta preparaçãe chimica o modo de fazer a guerra em todo o mundo.

Todos estes conhecimentos descobertos no espaço de pouco mais de um seculo deraõ fundamento a formarse Europa como hũa grande Republica; a communicarem-se as suas Potencias, como amigas, e a conhecerem as obrigaçoens da humanidade, como he da obrigação de cada homem com outro, conservaremse mutuamente em quantos ambos tem daquella amizade a sua conser-vaçaõ. Desde aquelle tempo começou a minarse e a desfazerse a constituição da Monarchia Gothica, fun-dada na força e na violencia; e no mesmo começou abrotar o fundamento da Monarchia Politica e Civil, que tantas vezes dissemos, consiste na igualdade dos Subditos (não das condiçoens) na propriedade dos bens, no trabalho e na industria.

Necessitava tanto Portugal começar a mudar as Leis
do Reyno no tempo del Rey Dom Manoel e de Dom
Joaõ o Terceyro, que ainda na supposiçaõ que Inglaterra
e Flandres, e de algum modo França as não mudasse
(como mudáraõ), era-lhe preciso tomar esta necessaria
precauçaõ. Porque tendose acabado as guerras com
os povos Conquistados, estava na indispensavel obrigação de conservar estas conquistas; e para conservalas,
nenhum outro meyo lhe ficava do que pelas disposiçoens
seguintes.

Nas conquistas adonde os povos eraõ benignos e
mansos, adonde naõ havia temor que se levantassem,
estabelecer ali a agricultura e as artes que necessariamente dependem della: naquellas onde os povos eraõ
feroces, e que levavaõ mal o jugo, o comercio com a
agricultura devia ser promovido entre elles: nenhũa
couza faz os homens mais humanos e mais doceis, do
que o interesse: o comercio tras consigo a justiça, a
ordem e a liberdade: e estes eraõ os meyos, e o saõ
ainda, de conservar as conquistas que temos. *Agricultura e Comercio* saõ as mais indissoluveis forças
para sustentar e conservar o conquistado: mas esta
vida de Lavradores, de Officiaes, de Mercadores, de
Marinheitos e Soldados, não se conserva com privilegios
dos Fidalgos, com immunidades e jurisdiçaõ civil dos
Ecclesiasticos, com escravidaõ e com a intolerancia
civil.

Naõ se conserva com a educaçaõ de saber ler e escrever, as quatro regras da Arithmetica, latim, e a lingoa
patria, e por toda a sciencia o catechismo da doutrina
Christãa; naõ se conserva como ocio, dissoluçaõ, montar

a cavallo, jugar a espada preta, e ir a caça: he necessaria ja outra educaçaõ, porque já o Estado tem mayor necessidade de Subditos instruidos em outros conhecimentos: ja naõ necessita em todos elles aquelle animo altivo, guerreyro, aspirando sempre a ser nobre e distinguido, até chegar a ser Cavalheyro ou Eclesiastico.

§.

Objecto que devia ter a Educaçam
da Mocidade Portugueza, no tempo del Rey Dom Joam
O Terceyro, e parece que ainda hoje

Todos sabem que o objecto da Educaçaõ da Mocidade deve ser proporcionado ás leis e aos costumes do Estado a quem ella pertence: he superfluo relatar aqui a Educação dos Persas, dos Lacedemonios e dos Romanos. As Leis destas Monarchias, eraõ militares, o seu objecto era vencer e conquistar, como era o das Monarchias Gothicas; e a sua educação era militar. Para determinarmos o objecto da Mocidade Portugueza naquelle tempo desde o anno de 1500 até 1580, quando Portugal cahio debayxo do jugo Castelhano, vejamos em que estado se achava entaõ, e os Reynos seos vizinhos da Europa.

El Rey Dom Manoel e el Rey Dom Joaõ o Terceiro nunca tiveraõ guerra na Europa: e este Rey foi o que deyxou aquella conquista da Affrica, conservando somente tres ou quatro portos ou praças naquelle Continente: resolução parece acertada, ja que tinha determinado destruir todos aquelles que naõ eraõ Catholicos Romanos, ou convertelos: as riquezas da Affrica e de toda a India Oriental (porque do Brazil, exceptuando papagayos, algũa madeyra, e asucar, naõ chegava a Portugal outro rendimento) cobriaõ as prayas de Lisboa: estas immensas riquezas a mayor parte dellas procedidas da conquista de mar e terra, outra dos tributos dos Regulos conquistados se distribuia pelo Soberano, pelos Fidalgos e valentes Soldados, e pelos Ecclesiasticos: tanta riqueza nos primeyros trouxeraõ o mayor luxo que jamais tinha visto Portugal: el Rey Dõm Manoel com pessimo concelho foi o primeiro que deyxou o vestido Portuguez nas Solemnidades, vestindose hũas vezes á Flamenga, e outras á Franceza: prodigiosa quantidade de Conventos se edificáraõ de novo por estes annos, de Capellas e de Oratorios, mas he reparar que naõ se augmentáraõ as parrhochias: cresceraõ as immunidades dos Bispos e dos Prelados; a sua jurisdiçaõ pelo novo Tribunal da Inquiziçaõ e poderem por sua ordem por seos Meyrinhos e Familiares prender os leigos: porque esta Monarchia já formada tinha para fazer os gastos nas suas pretençoens.

Mas no Reyno naõ se fabricava nenhũa materia de luxo, nem ainda tudo o necessario para viver, pois que no anno de 1519, libertou el Rey Dom Manoel os trigos e mais sementes estrangeiras de pagarem direitos da alfandega: indicio certo que faltava gente que cultivasse. Era preciso que todas aquellas riquezas fossem parar em Inglaterra, Italia, França, e em Flandres; muita parte taõbem em Roma. Como o povo Portuguez naõ entrava na Legislaçaõ da Monarchia Gothica, nenhũa parte d'aquellas riquezas se distribuia por elle; e exceptuando alguns Palacios em Lisboa e quintas, e coutadas dos Arredores, Igrejas e Conventos, nada ficava mais em Portugal destas riquezas: assim vemos ainda o Reyno sem caminhos, sem pontes, com os portos e fozes dos rios entupidas, sinal certo que naõ se espalháraõ aquellas riquezas pelos officiaes, nem pelos Mercadores do Reyno.

Se el Rei Dom Joaõ o Terceyro fosse taõ tolerante com os seos Subditos, como Carlos Quinto com Castella e Flandres, poderia repartirse muita parte destas riquezas das Indias por todo o Reyno: havia naquelle tempo em Lisboa milhares da descendencia dos Judeos bautizados, que comerçavaõ com as Naçoens Estrangeiras: a Inquiziçaõ desde o anno de 1544 ou 1545, fez tal estrago nestes Mercadores, que a mayor parte se foi establecer em Anveres, Londres e Hamburgo, e não só leváraõ Cabedais immensos, mas ensináraõ áquellas Naçoens mercadoras ja, o comercio da Navegação Portugueza; e desta origem veyo aquella potente Companhia das Indias de Hollanda e a de Inglaterra fundadas pelos annos de 1600 pouco mais ou menos.

Quando considero as imensas riquezas que chegáraõ aos portos do Reyno, quasi por oitenta annos, e que todas hiaõ parar nas maõs de quem trabalhava o que dispendiaõ os Portuguezes, pareceme que era impossivel conservarse Portugal por hum seculo mais, ainda que naõ viesse a cahir (como veyo) debayxo do dominio Castelhano: porque estas riquezas fizeraõ os Inglezes, os Hollandezes, os Hamburguezes, e muita parte da Italia, ricos e potentes, augmentandose na agricultura, nas artes e nas sciencias, e do estado em que estavaõ antes bem moderado e mesmo abatido, vieraõ depois da descoberta dos dois mundos, poderosos e altivos a poder molestar os seos Descobridores.

Hũa como epidemia affligio e transtornou o juizo quasi de toda a Europa desde o anno de 1520, quando Luthero em Saxonia começou a pregar contra as indulgencias, em Suissa Zuinglio, e Calvino em França, contra a Eucharistia, primazia do Papa, e celibado dos Clerigos, que poz em confuzaõ estes Estados, e taõbem Flandres. e Inglaterra. Como todos estes Potentados eraõ Catholicos, e pelas suas Leis, a heresia era condenada com penas de bens, cargos, honras, e mesmo da vida, desta origem se augmentou o trabalho e a industria prodigiosamente: porque as familias persecutadas ficando pobres, só no trabalho tinhaõ o seu sustento. Muitos mais ouzados se fizeraõ pyratas, assaltaraõ as nossas frotas e as Castelhanas, e buscáraõ remedios a sua persecução: deste modo passaraõ de França muitos milhares para Inglaterra no tempo da Reyna Izabel, e taõbem de Flandres, quando Phelipe Segundo, bem differente de proceder de seu pay, e seu Tio o Emperador Fernando, persecutou e destruio tantos Flamengos. Nestes tempos he que se estabeleceraõ taõ immensas e ricas manufacturas em todo o genero de mercancia por todos aquelles que abraçaraõ o Protestantismo que até infectou muitos lugares de Italia, dondé sahiraõ muitas artes para se cultivarem no Norte.

Este incidente do Protestantismo, junto com a severidade das Inquiziçoens de Castella e de Portugal em todos os seos Dominios, fizeraõ estas Naçoens mais pobres, e mais faltas de Subditos uteis. Parece que o

Concelho de Estado de Dom João o Terceyro e de el
Rey Dom Sebastião tomavão de proposito as resolu-
çoens mais contrarias á conservação de Portugal e da
India. Nesta parte do mundo querião establecer a Religião, pela força e pela intolerancia; o Estado Militar
e Civil pela tyrania e pelas Leis Civis: establecerão
Bispados, Cabidos, Conventos e Seminarios, Tribunaes
Civis; a mesma constituição da Monarchia Gothica,
com privilegios aos Fidalgos, e com immunidades aos
Ecclesiasticos, conservando a Escravidão e a intolerancia: o que tudo era ignorancia ou insano zelo dos
Conselheyros, porque o objecto de conservar e de
augmentar aquellas conquistas e Colonias, devia ser a
navegação, o comercio, a agricultura, a igualdade dos
Subditos; hũa Justiça Civil, para julgar as couzas do
comercio, onde os Mercadores fossem os Juizes, sem
Letrados, nem Procuradores; hũa justiça para o crime,
semelhante á do Auditor de um exercito em Campanha;
para manter e espalhar a Religião, Somente Missionarios
Portuguezes (e não Estrangeyros como foi e he de costume) sem Jurisdição, poder nem auctoridade, nem nas
Igrejas, nem nos Christãos Portuguezes nem Indios; e
cada um destes Missionarios devia ter a sua parrhochia;
e se houvesse mais Missionarios que Igrejas, ficaria
determinado o numero exorbitante nas mesmas parrhochias sem poder de adquirir bens de raiz: não erão
necessarios Bispos, nem aprender Latim, nem ter impressoens; muito menos Tribunal da Inquizição para
castigar feyticeiros e embusteyros Indios, practicas de
Castella na America, e que nos imitámos á risca nos
nossos Dominios.

No tempo referido de el Rey Dom João o Terceiro chegou a constituição do Reyno a tal estado, que no cazo mesmo que não estivessem descubertas tantas Ilhas e tantos portos das tres partes do mundo, era de boa politica mudar o systema das Leis : a constituição da nossa Monarchia sendo só para guerrear e Conquistar, era força que acabasse logo que hūa paz durasse por 80 ou cem annos : porque nenhūa Lei, nem Educação da mocidade, havia para se empregar a Nobreza neste tempo do descanço. Esta foi a causa, porque nestes tempos chegáraõ os vicios ao cume de toda a perversidade ; a Nobreza rica, era soberba, ocioza, e por consequencia sepultada nos vicios de toda a dissolução, do jogo, de comidas e trages : e gastando sempre mais que as suas riquezas, cometiaõ mil extorsoens, arruinando deste modo aquella regularidade que deve haver nos portos do comercio. Nesta situação pertencia ao Legislador establecer por degráos algūas Leis que serviam de fundamento a hūa Monarchia mista de Militar e de Civil ; isto é que conservaria hum exercito, e hūa frota, onde naõ haveria destinçaõ algūa do nascimento, mais que aquella que daria o gráo Militar ; e ao mesmo tempo, imitando Henrique Septimo de Inglaterra, que por hūa Ley ordenou era livre a cada Senhor Baraõ ou Morgado, vender ou alienar as suas terras, e supprimirlhe os privilegios de naõ serem vendidas por dividas : abolindo e suprimindo todos os Monopolios dos lagares, moinhos, etc., como do comercio ; e prohibindo que ninguem pagasse o que devia em frutos, exceptuando os dizimos. Deste modo se extinguiraõ igualmente aquelles privilegios da Nobreza, como ella se vai extinguindo pelo ocio e pelos vicios; pois que no tempo del Rey Dom Manoel havia duzentas cazas de Fidalgos, e hoje naõ chegaõ a sesenta.

Resultaria daqui que os Cidadoens, que tinhaõ adquirido Cabedaiz ganhados com as mercadorias das conquistas, entrariaõ sem privilegios naquelles bens; já estes pagariaõ tassas e os seus Criados, como os bens dos Villoens; e começaria pelo comercio, e agricultura establecerse a igualdade, o trabalho e a industria no Reyno, como se estableceo desde Henrique VII em Inglaterra. Todas as Ordenaçoens deviaõ ser reformadas; supprimir alguns Tribunais que entaõ existiaõ, e em seu lugar erigir outros para establecer e conservar, ou pôr em execuçaõ, as novas Leis que deviaõ decretarse para establecer a agricultura, o comercio e a Educaçáo da Mocidade proporcionada áquellas Leis.

Determinadas e decretadas assim as Leis do Reino para sustentar um exercito e hũa frota para defensa dos Dominios proprios e adquiridos, e ao mesmo tempo, para establecer o trabalho e a industria, seria ja necessario mudar a Educaçaõ da Mocidade Portugueza, apercebendose facilmente o Legislador, que naõ tinha Subditos para executar esta segunda parte da Constituiçaõ da Monarchia.

Sempre a Educaçaõ das Escolas Seguio a Legislaçaõ do Potentado a donde estaõ establecidas: e o Poder, Jurisdiçaõ Real estava entaõ reduzida aos dois Tribunaes do *crime* e do *Civil,* e todo o seu objecto e exercicio, era castigar os delitos, e metter cada hum na posse dos seos bens. Mas faltava naquella situaçaõ hum Tribunal de economia universal no Reyno e nos seos

Dominios: faltava um Tribunal do Comercio, com jurisdição especial para que as suas cauzas se processassem de modo mui differente e mais summario, do que he a practica do Direito Civil: faltava um Tribunal taõ bem que tivesse a seu cuidado a *Educaçam* da Mocidade, e a correçaõ dos costumes; couza na verdade desconhecida na Legislaçaõ dos Reynos Catholicos, porque os Ecclesiasticos tinhaõ tomado á sua conta estas incumbencias: mas apezar do seu zelo naõ vemos que naquelles tempos se preveniaõ nem os crimes, nem os maos costumes, nem os erros da Fé; porque aquelle seculo foi o mais estragado e luxurioso, que conheceo Portugal; e como a Inquiziçaõ castigou mais de cinco mil apostatas Portuguezes, era força que fossem muito mal instruidos na Religiaõ Christaã.

Já vimos assima, Senhor Illustrissimo, a que se reduz a sciencia com que sahimos das Escolas, e que toda se reduzia a sentencear hum matador ou ladraõ, ou meter deposse a cada um no seu bem: agora veremos que ja do tempo del Rey Dom Joaõ o Terceyro necessitava o Reyno de outra Sorte de Educaçaõ, e necessitará sempre logo que tiver Ilhas, Colonias e Dominios de Ultramar; logo que for obrigado a ter allianças com Espanha, com França, Hollanda ou Inglaterra.

§.

Da Natureza da Educaçam da Mocidade,
e do Objecto que deve ter no Estado onde he nacida

Naõ tratarei aqui daquella Educaçaõ particular, que cada Pay deve dar a seos filhos, nem daquella que ordinariamente tem a Mocidade nas Escolas. Seria superfluo este trabalho á vista do perfeito livro que compôz aquelle Várro Portuguez *Martinho de Mendonça de Pina e de Proença*, intitulado «Apontamentos para a Educaçaõ de hum Menino Nobre» e de varios Autores que tratáraõ da Educaçaõ nas Escolas, que relata *Morhofio* no seu *Polyhiflor Litterarius.* O meu intento he propor tal ensino a toda a Mocidade dos dilatados Dominios de Sua Majestade, que no tempo da occupaçaõ e do trabalho, e no tempo do descanço lhe seja util, e a sua patria (1): propondo a virtude, a paz e a boa fé, por alvo desta educaçaõ, e a doutrina e as sciencias, como meyo para adquirir estas virtudes sociaveis e christaãs. Nunca me sahirá do pensamento formar hum Subdito obediente e deligente a comprir as suas obrigaçoens, e hum Christaõ resignado a imitar sempre, do modo que alcançamos aquellas immensas acçoens de bondade e de misericordia.

A Educaçaõ da Mocidade não he mais que aquelle habito adquirido pela cultura e direçaõ dos Mestres, para obrar com facilidade e alegria acçoens uteis a si e ao Estado onde naceo. Mas para se cultivar o animo da Mocidade, para adquirir a facilidade de obrar bem e com decencia, naõ basta o bom exemplo dos Paes, nem o ensino dos Mestres; he necessario que no estado existaõ tais Leis que preméem a quem for mais bem creado, e que castiguem aquem não quer ser util, nem a si, nem á sua patria.

Logo me perguntáraõ se toda a mocidade do Reyno.

---

(1) Aristoteles Polit. Lib VIII, per totum.

deve ser educada por Mestres, se o Estado ha de contar entre esta Mocidade o filho do Pastor, do Jornaleyro, do Carreteyro, do Criado, do Escravo e do Pescador? Se convem que nas Aldeas e lugares de vinte ou trinta fogos, haja escolas de ler e de escrever? Se convem ao Estado que os Curas, os Sachristaens, e alguns Devotos, cujo instituto he ensinar a Mocidade a ler e a escrever, tenhaõ escolas publicas ou particulares de graça ou por dinheyro, para ensinar a Mocidade, que pelo seu nascimento, e suas poucas posses, he obrigada a ganhar a vida pelo trabalho corporal? Com tanta miudeza me detenho nesta classe de Subditos, porque observo nos Autores taõ pouca ponderaçaõ do seu estado; e he por tanto donde depende o mais forte baluarte da Republica, e o seu mayor selleiro e armazem.

Os que querem e persuadem que a classe dos Subditos referidos aprendaõ todos a ler e a escrever, e arithmetica vulgar, dizem para provar a sua resoluçaõ que tanto mais se cultiva o entendimento, tanto mais se abranda o coraçaõ; que a piedade e a clemencia saõ tanto mayores virtudes, quanto saõ mayores os conhecimentos das obrigaçoens com que nascemos, de adorar o Supremo Creador, de obedecer a nossos Paes e Superiores, e de amar ós nossos iguais (1).

He verdade mas estes Auctores levados do seu bom coraçaõ assentam estas maximas como se todos os homens houvessem de habitar no paraizo terrestre, ou naõ lhe ser necessario ganhar toda a sua vida, o seu limitado

---

(1) Clemens & clementia, a *colere mentem & à cultura mentis* proveniunt.

sustento, com o trabalho de suas maõs, e com o suor do seu rosto. Que filho de Pastor quererá ter aquelle officio de seu pay, se á idade de doze annos soubesse ler e escrever? Que filhos de Jornaleyro, de Pescador, de Tambor, e outros officios vis e mui penozos, sem os quaes naõ pode subsistir a Republica, quererão ficar no officio de seos pais, se souberem ganhar a vida em outro mais honrado e menos trabalhoso? O Rapas de doze ou quinze annos, que chegou a saber escrever hũa carta, naõ quererá ganhar a sua vida a trazer hũa ovelha cançada ás costas, a roçar depella manhaã até noyte, nem a cavar.

Ha poucos annos que nos Estados del Rey de Sardenha se promulgou hũa ley, que todos os filhos dos lavradores fossem obrigados a ficarem no officio de seos pays; dando por razaõ, que todos dezemparavaõ os campos, e que se refugiavaõ para as cidades adonde aprendiaõ outros officios: Ley que parece mal concebida, e que jamais terá execuçaõ. Se os filhos dos lavradores dezemparaõ a casa de seos pais, he porque tem esperança de ganharem a sua vida com a sua industria e intelligencia; e já lhe naõ saõ necessarias as simples maons para sustentarse; sabem ler e escrever; tiveraõ nas aldeas onde nasceraõ escolas pias de graça ou por mui vil preço, e do mesmo modo as molheres, que ensinaõ os seos filhos a escrever, quando naõ tem dinheiro para pagar Mestres; e esta he a origem porque os filhos dos Lavradores fogem da caza de seos pais: o remedio seria abolir todas as escolas em semelhantes lugares.

Queyxaõse em França que depois cento e trinta annos se despovoaõ os campos, e que todos buscaõ as cidades ou se expatriaõ a buscar fortuna em outros climas: a cauza he a infinidade de Escolas de ler e escrever na minima aldea de dez ou doze cazas; ha certas ordens Religiozas sem clausura espalhadas por cada parrhochia que tem esta incumbencia; todo o rapaz, e rapariga, sabe ler, escrever o seu catechismo e o Testamento novo na Lingoa Materna: vendo-se com esta educaçaõ á idade de doze ou quinze annos naõ querem ficar em hum officio laborioso, penivel e ás vezes infame. Por isso, dizia o Cardeal de Richelieu ja do seu tempo, que todo o proveito que retirava o Estado de tanta Escola de ler e de escrever, consistia no rendimento do *Correyo.*

Nenhum Reyno necessita de mayor rigor na suppressaõ total do ensino de ler e escrever, nem ainda permittido aos Ecclesiasticos de graça, do que o nosso: o clima cria aquelles espiritos altivos, mais para dominar, que para servir; até nos animais domesticos se observa esta indocilidade. A may do Jornaleyro naõ cessará cada dia que ve ir seu filho á escola de lembrar-lhe que tem um Tio, Frade ou cura em tal lugar: o rapaz já quer ser Frade: e como só no Ecclesiastico se acha honra sem fazer o Pay despeza, bastaõ as inquiriçoens para chegar aquelle Estado, e ficar a caza do Pay sem successor.

Todo o rapaz ou rapariga que aprendeo a ler e a escrever, se ha de ganhar o seu sustento com o seu trabalho, perde muito da sua força em quanto aprende; e adquire um habito de perguiça e de liberdade deshonesta. Como saõ os Mestres de ler e escrever, homens rudes, ignorantes, sem criaçaõ, nem conhecimento algum da natureza humana, tem aquelles meninos tres horas pela manhaã e tres de tarde, assentados, sem bolir, sempre tremendo e temendo: perdem a força dos membros, aquella desenvoltura natural, porque a agitaçaõ, o movimento e a inconstancia he propria da idade da meninisse: e naõ convem hũa educaçaõ taõ molle a quem ha de servir á Republica de pés e de maons, por toda vida.

Assim o Ministro ou o Tribunal que havia de ter inspecçaõ da Educaçaõ da Mocidade, parece havia de ordenar «Que em nenhũa Aldéa, Lugar, ou Villa onde naõ houvessem duzentos fogos, naõ fosse permittido a Secular, nem Ecclesiastico, ensinar por dinheyro ou de graça a ler ou a escrever».

Mas já vejo que clamariaõ os Bispos e os Parrhocos, e taõbem muitos devotos, que, pela ley proposta, era tratar a mocidade plebea em bestas sylvestres, destituida do ensino da Religiaõ Christaã, naõ podendo ler, nem entender o Catechismo; e que ficavaõ sem principio algum de humanidade, nem de virtude ou obediencia.

Se estes que assim arguirem, soubessem a obrigaçaõ dos Parrhocos e Sachristaens, se soubessem que o trabalho corporal, ter o animo occupado, he a mayor virtude: se soubessem que adquirindo aquelle habito de trabalhar desde a primeira meninisse que lhe serviria da melhor instrucçaõ por toda a vida, se retractariaõ, e naõ clamariaõ.

Nos Domingos e dias de Festa devia o Parrhoco e o Sachristaõ ensinar a doutrina Christaã a estes meninos; e com a sua diligencia ficaria o menino instruido na obrigaçaõ de Christaõ; e naõ seria necessaria a escola, para aprender o catechismo; porque esta obrigaçaõ pertence á Igreja, e naõ ao Mestre de ler, nem de escrever; ainda que abayxo se lhe imporá esta obrigaçaõ.

Se hũa vez o Estado abraçar fazer executar a Ley assima, conceberá no mesmo instante que o trabalho e a industria se deve considerar como base do Estado Civil: helhe necessaria a providencia de procurar pela agricultura e pelas artes onde o povo adquira o seu sustento: helhe necessario establecer pelo menos hum comercio interior, e communicaçaõ de villa a villa, de comarca a comarca, para promover a circulaçaõ, que sem ella naõ continuará o trabalho do povo, nem a industria; em hũa palavra, era necessario para establecer a prohibiçaõ das Escolas de ler nas Aldeas, gastar o Estado hũa certa parte do seu rendimento na ereçaõ, e fundamentos do trabalho e da industria.

Naõ necessitaria esta classe do povo de outra educaçaõ do que os Paes e Maens estivessem empregadas no trabalho, e seos filhos, naõ tendo outro recurso para ganharem a vida, seguiriaõ aquelle caminho que exercitavaõ os proginitores e os tutores. Quem trabalha faz hum acto virtuoso, evita o ocio; vicio o mayor contra a Religiaõ e contra o Estado: e St. Bento achou o trabalho de maons de tanta virtude que o poz por regra de sete oras cada dia. Isto he o que basta para a boa educaçaõ da mocidade plebea.

Alem disso o povo naõ faz boas nem mas acçoens, que por costume e por imitaçaõ; e rarissimas vezes se move por systema nem por reflexaõ; será cortés ou grosseyro, sesudo ou ralhador, pacifico ou insultador, conforme for tratado, pelo seu Cura, pelo seu Juis, pelo

Escudeyro ou Lavrador honrado. O povo imita as acçoens dos seos mayores; a gente das Villas imita o trato das Cidades a roda; as Cidades o trato da Capital, e a Capital da Corte: deste modo que a mocidade plebea tenha ou naõ tenha mestre, os costumes que tiver seraõ sempre a imitaçaõ dos que vivem nos seos mayores, e naõ do ensino que tiveraõ nas escolas. Todo o ponto, he que as Leis do Estado estejaõ de tal modo decretadas, que naõ falte á mais infima classe dos Subditos o trabalho, e que se dispenda nisto, o que se dispende nos Hospitaes geraes, e nas Confrarias.

Mas naõ se imaginem os Bispos, nem os Devotos, que pela Ley assima ficam excluidos de aprender a ler e a escrever os filhos dos Lavradores e officiaes que tiverem cabedal, para sustentallos nas pensoens ou seminarios que proporemos abaixo erigidos nas villas ou lugares que excederem duzentos vizinhos: com esta providencia, seria louvada a Ley, que naõ houvesse escolas nas Aldeas.

§.

Qualidades dos Mestres,
para ensinar a ler e a escrever, &

O Mestre que ensina a ler e a escrever, he hum cargo publico, naõ de taõ pouca consequencia para a Republica como vulgarmente se considera: ordinaria-mente saõ empregados neste ministerio homens igno-rantes, muitas vezes com vicios notorios, que escan-dalizaõ. Para exercitar este officio basta húa informaçaõ de *vita & moribus,* e com ella alcança do Bispo a permissaõ de ensinar; algũas vezes ouvi que se requerem as inquiriçoens de sangue, para o mesmo emprego.

Nem as Camaras das Villas, nem das Cidades, nem as Justiças Reais, tem mando ou inspecçaõ nestas Escolas; e com razaõ, porque naõ tem nenhum sallario publico; o proveito destes Mestres he taõ teñue que apenas os tira fora do estado da miseria.

Hum Mestre de escola naõ deve ter defeito vizivel no seu corpo, nem vesgo, torto, corcovado, nem coxo; porque se viu por experiencia hũa escola de meninos serem *vesgos*, porque o seu Mestre tinha aquelle defeito. Imitamos o que vemos, e sem nos apercebermos do que fazemos, adquirimos o habito, antes de pensar que he vicioso: somos dotados desta admiravel propriedade, que influe tanto em todas as acçoens da vida humana; e por isso não convem que tenha aquella tenra idade taõ apta a imitar e taõ subcetivel das impressoens extraordinarias, ter por objecto continuado hum Mestre no corpo defeituoso, e muito menos no animo'; e por essa razaõ devia ser de costumes approvados e conhecidos com louvor. Mas nem estas qualidades, nem a sua capacidade no que devia ensinar, seriaõ bastantes para exercitar este emprego.

Nenhum Mestre poderia ter escola (do modo que propomos) sem ser cazado, condiçaõ sem a qual naõ obstante todas as mais qualidades, naõ poderia exercitar esta funçaõ; e no cazo que ficasse viuvo, seria obrigado cazarse dentro de pouco tempo ou obrigado a deyxar a Escola.

Este mestre he o primeiro que vé a Mocidade destinada pela mayor parte a servir a sua patria; desde aquella mais tenra idade dever ter por objecto hum cidadaõ: alem disso os homens cazados, se tem filhos, saõ mais carinhosos e maviosos, com os meninos, do que os solteyros. Deyxo á consideraçaõ de quem conhece o que he hum homem que sahio do recto caminho da virtude, se convem neste perigo, que hum homem solteyro seja Mestre de meninos e rapazes? e se será acertado que o publico ponha nas maons do Celibato a inocencia da primeira idade?

Mas o bem publico e o sagrado do Estado me favorece nesta occaziaõ mais que nunca. Todos os Subditos empregados no serviço Civil, como Mestres, Juizes, Notarios, Secretarios, e todos aquelles que tivessem sallario do Estado, deviaõ ser cazados; condiçaõ sem a qual naõ poderiaõ exercitar Cargo algum Civil, como Medico ou Letrado, com sallario do Reyno: Somente os Sexagenarios, tendo filhos, seriaõ dispensados desta condiçaõ sem excepçaõ.

Este Mestre para ser admitido a ter escola publica, tendo as qualidades e requesitos referidos, devia fazer petiçaõ ao Director dos Estudos e das Escolas da Provincia, para ser examinado: e no exame havia de constar:

1.º Que sabia a Lingoa Latina, e a Materna, com propriedade;

2.º Que sabia bem escrever;

3.º Como taõbem a Arithmetica, pelo menos as quatro Regras; e seria conveniente com a de tres, e as fraçoens, ou dos quebrados;

4.º Que sabia de que modo se tem pelo menos o livro de conta e razaõ, pelo do *deve e hade haver*, com index ou alphabeto, ou de cayxa dos Mercadores.

Constando pelo exame proposto, que satisfizesse ao que se pretendia delle, o Director lhe passaria provisaõ para exercitar o emprego de Mestre de Escola, com obrigaçaõ de alcançar outra do Bispo, por cuja ordem seria examinado no Catechismo da Religiaõ Christaã: e munido com estas duas provisoens se presentaria, no lugar adonde havia de ensinar, ao Delegado do Direitor dos Estudos e Escolas, para exercitar o seu cargo.

Seria necessario que estivessem compostas e impressas as *Direçoens*, ás quais cada Mestre de Escola se devia conformar no seu emprego: e na visita que devia fazer hũa ou duas vezes por anno nestas Escolas pelos Delegados dos lugares, onde estavaõ establecidas, se tomaria conta se o Mestre satisfazia as dittas instrucçoens.

Este Mestre alem de paga de cada discipulo devia ter sallario do publico, taõ sufficiente que bastasse para sustentarse com decencia; attendendo a carestia e ao trato da Villa, onde ensinara. Estes sallarios taõ pouco a cargo do Estado, fariaõ sollicitar estes empregos homens mais capazes do que hoje se empregaõ nelles: seriaõ taõbem mais respeitados, o que convem aquem ha de ensinar publicamente.

§.

Do que haviam de aprender os Mininos alem de ler,
escrever e contar, etc.

Bem sei, Illustrissimo Senhor, que me accuzáraõ de gastar assim o tempo nestas particularidades que per-

tencem a meninisse, de hum modo taõ rasteiro, e fora
de todo o discurso que ninguem que pretende a algum
gráo de litteratura gastará o seu tempo em ler o que
escrevo; mas naõ o julgou assim Plutarcho(1) Quinti-
liano(2) nem aquelles restauradores das letras humanas
Erasmo(3), nem Luis Vives em muitas das suas obras
ainda que decorado com o honroso cargo de Mestre de
Phelipe Segundo: estes referidos Authores puzeraõ
todo o seu cuidado na educaçaõ da primeira infancia,
porque daquelles principios depende a disgraça ou a
felicidade de toda a vida.

Que auctoridade naõ acharia eu para provar o que
digo? Mas que provas são necessarias, quando a
propria experiencia nos convence; e a alheya nos
admoesta que ponhamos todo o nosso cuidado nestes
principios do Estado e da Religiaõ.

Queyxasse David Hume e l'Abbé de St. Pierre, que
nas Escolas se enchem os juisos da *Mocidade* de muita
instruçaõ, e que nenhum cazo fazem os Mestres de

---

(1) De Liberis educandis.

(2) Instit. Orator. lib. 1. cap. 1. e começa assim «Igitur nato
Filio Pater.... Desde o berço começou a Educaçaõ do Ora-
dor, do Orador que ha de ser huns dos principaes Subditos do
Estado.

(3) De Civilitate morum puerilium. Parisiis 1537. 8.º e nas suas
obras em 10 volumes *in fol.* Edit. Lugd. Batavorum.

Marco Antonio Muretto escreveo para um sobrinho que tinha,
a sua Institutio Puerilis, que começa assim:

Dum tener es, Murette, avidis hœc auribus hauri,
Nec memori modo conde animo, sed exprime factis:
Mentiri noli, &ç.

formar os costumes, nem de fazer o menino bom: todo o seu disvello he que saibaõ muito, que recitem de memoria muitas laudas de proza, e outras tantas de versos. Seria taõ necessario que os meninos que sayem da escola, ficassem taõbem instruidos na obrigaçaõ que tem de serem homens de bem, como na de Christaõ. Cada menino naquelle tempo aprende o seu catechismo: seria necessario que no mesmo tempo aprendesse outro, para saber as obrigaçoens com que naceo. Se houvesse hum livrinho impresso em Portuguez, por onde os meninos aprendessem a ler (e naõ por aquelles feitos de letra tabalioa), onde se incluissem os principios da Vida Civil, de hum modo taõ claro que fosse a doutrina comprehendida por aquella idade; e ao mesmo tempo, que o Mestre a fizesse praticar na classe com castigos e com premios, costumando aquella idade, mais a obrar conforme a razaõ, do que a discorrer; me parece que se naõ sahissem dali com outro ensino, que teriaõ aproveitado mais, do que se aprendessem tudo aquillo que os Pais dezejaõ.

Se neste livrinho e catechismo da *Vida Civil* estivessem declaradas as propriedades do homem no estado natural, que consiste em buscar o que lhe he necessario para conservarse, satisfazendo á fome e a sede, e que naturalmente temos, aquella propriedade de *imitar o que vemos* com amor e com admiraçaõ, que temos naturalmente; a piedade e a compaixaõ de ver soffrer e maltratar os nossos semelhantes (1), e que destes dois

_____

(1) A natureza nos deu esta propriedade do coraçaõ maviozo

principios provem todas as acçoens que obramos, em quanto naõ forem suffocados pelos maos exemplos de soberba, de tyrania, de crueldade, que daõ os Pays, as Maens, e os que criaõ aquella aurora da humanidade (1). Quanto cuidado deviaõ ter os Pays e os Magistrados, que as maens e as amas soubessem criar as crianças até sahirem do seu colo? Em outro lugar se tocará o mal que redunda a hũa Naçaõ de naõ criarem as Maens os seos Filhos.

Se o Mestre destas Escolas explicasse com exemplos este Compendio que proponho da vida civil; se o fizesse observar por acçoens, e habituar aquella infancia a

---

e piedozo que se afflige do mal que ve sofrer ao seu semelhante, porque é parte delle: *Juvenal*, Satyre xv, v. 131.

> .... *Molissima corda*
> *Humano generi dare se naturu fatetur*
> *Quae lacrymas dedit haec nostri pars optima sensus:*
> *Plorare ergo jubet caussam dicentis amici,*
> *Squallorem que rei..............*
> *Naturae imperio gemiamus, cum funus adultae*
> *Virginis occurrit, vel terra clauditur infans.*

Esta piedade e ternura do coraçaõ se mostra pelas lagrimas, que saõ taõ proprias ao homem: só elle chora, e he tudo o que pode fazer quando nace: Ja que naõ posso pintar este estado como Plinio, valerme-ei das suas palavras: «Hominem tantum nudum, & in nuda humo natali die abjicit ad vagitus statim & ploratum... Itaque feliciter natus jacet manibus, pedibusque devinctis, flens animal ceteris imperaturum». (Praef. lib. 7, *Hist. Mundi*). Mas este principio pela má educaçaõ ordinariamente fica sepultado em nós.

(2) Sei que se está compondo este compendio para satisfazer este intento, e estou persuadido que se executará com summa utilidade conforme o dezejo de cada bom patriota.

obralas, e a fazelas, e ao mesmo tempo lhes inculcasse, e lhes fizesse applicar este principio em todas as suas acçoens: «Que o homem nacido entre os homens devia obrar e fazer tudo conforme as Leis estabelecidas entre elles; que a ninguem era licito viver conforme a sua vontade, conforme o seu prazer e fantasia.

No mesmo Compendio queria eu que estivessem escritas as obrigaçoens com que nacemos: como devemos venerar a Deos: como somos obrigados honrar nossos Pays, e a quem tem o seu lugar: que temos a mesma obrigaçaõ de respeitar os mais velhos: que devemos ser amigos fieis: guardar-lhe segredo, palavra, cuidar do seu bem, como do nosso propio: e como nos amamos naturalmente a nossa patria, assim devemos ser-lhe fieis; cuidar em tudo do seu bem, que he o nosso: e como el Rey he a cabeça della, que a este, como a nosso primeyro Pay na terra, devemos respeytar e honrar.

Aquella tenra idade poderia comprehender quando os castigaõ (naõ barbaramente com açoutes e palmatoadas), que na adversidade ninguem se deve abater: que sempre ha de ficar a esperança ou de se emmendar, ou de melhor fazer: quando for premiado, fazer-lhe notar o principio do Catechismo, que ninguem na prosperidade e na grande alegria se deve desvanecer nem ensoberbecer: porque somos nacidos para viver hũa vida cerceada sempre pela alegria e pela tristeza; que nenhum bem he sem mistura de mal, nem nenhum mal sem mistura de bem.

A meninisse he capas desta instrucçaõ, se o mestre lhe fallar na lingoa e na frase que he propria á aquella idade. He admiravel o juizo humano: na idade de tres annos aprendeo hum menino a sua lingoa; fallar sem saber o que fas, com o nominativo, com o verbo no singular, ou plural, no tempo, no modo, etc. O que he taõ difficil aos adultos que aprendem as lingoas doutas ou estrangeiras. Pode o menino aprender no dia, de trez ou quatro Mestres, sem confundir o que aprende. Mas abayxo mais distintamente trataremos desta materia.

Pareceome advirtir aqui que necessitava o Director, ou o Concelho da Educação, mandar compôr hum piqueno livro em 8.º de 150 a 200 paginas, com o titulo *Arte de ter livros de conta e razam.* Este seria o modelo para que cada qual soubesse governar a sua casa, onde haveria exemplos de algũas cartas de rois, de quitanças, de letras de cambio e de procuraçoens: fazendo copear a cada Discipulo hum livro semelhante, ditado pelo seu Mestre.

Bem sei a difficuldade de achar Mestres nas Provincias que possaõ pôr em practica o que conterá o livro proposto: he a difficuldade que encontraõ sempre os nossos estabelecimentos. Mas he necessario hum principio; e os homens pelo uzo, com o premio, e a esperança, e pelo medo de perda, e pela deshonra, augmentaõ os seos conhecimentos, e instigaõ as potencias da alma a penetrar e vencer as difficuldades do seu officio.

§.

Das Escolas da Lingoa Latina e da Grega, Humanidades, e da Lingoa Materna

Naõ he o meu intento, Illustrissimo Senhor, indicar aqui a minima instrucçaõ para aprender as Lingoas, Latina, Grega, e Hebraica, nem as Humanidades, por que já S. Magestade que Deos guarde, foi servido ordenar aos Professores seguirem aquellas, que decretou neste anno, e que foraõ impressas em caza de Miguel Rodrigues. · O meu intento he somente de mostrar qual deve ser o fim destas Escolas; como devem ser dirigidas para serem de utilidade ao Estado; que qualidades deviaõ ter os Mestres que haviaõ de ensinar nestas, e aquellas que haviaõ de ter os discipulos; e as duas differentes classes delles; e como dos mesmos Mossos ali educados, haviaõ de sahir Mestres para ensinar nas Escolas onde faltassem. Porque como, V. Illustrissima sabe que deve o Estado retirar hum proveito proporcionado á despeza que fizer com este ensino; e essa he a razão que me move a satisfazer este objecto.

A Lingoa Latina he necessaria a todos os Ministros da Religião Catholica Romana, a todos os Conselheyros de Estado, Ministros publicos, Magistrados, Juizes, Letrados e Medicos: e outros empregos, e cargos que hoje naõ temos ainda em Portugal.

Representarei aqui todos os males que fazem o grande numero das Escolas do Latim, e particularmente gratuitas: mostrarei claramente que vem a servir de escolas do ocio, da dissolução, e de toda a desordem civil, taõ commua como se observou atégora.

Entraõ *cem* Meninos a aprender Latim, e o estûdaraõ até á idade de quatorze até desaseis annos. Ponderemos quantos foraõ que aprenderaõ esta Lingoa, capazes de se matricularem na Universidade, ou de entender hum Autor Latino? Acharemos que apenas sahirá a terça parte. Mas quero que *cincoenta* aproveitassem o seu tempo: vejamos a destinação destes cincoenta até estarem establecidos. Veremos que *trinta* delles viraõ a ser Ecclesiasticos, *dés* viraõ a ser Juizes ou Letrados, e outros *dés* viraõ a ser Medicos.

Os *cincoenta* que, ou por lhes faltar quem os sustentasse, não acabáraõ os seos Estudos, ou por serem taõ rudes, e de maos custumes, que não se aplicáraõ, sahiraõ ignorantes, e incapazes de proseguir os Estudos; sigamos a sua destinação. O rapás que não pode aprender Latim, fica impossibilitado para aprender hum officio: naquelle tempo que devia aprendelo se costumou ao ocio nas Escolas, adquirio a soberba e a vaidade; despreza hum officio mechanico, e quer ganhar a sua vida a cavalheyra. Desta origem vem aquella multidaõ de individuos sem officio, nem beneficio. Desta classe de Estudantes reprovados sayem os jugadores, os alborcadores, os tratantes, os que tem titulo de page, Mestre sala, os escreventes, os tendeyros, tanto Frade Leygo, e sobre tudo, tantos e tantos, que passaõ ultramar a buscar fortuna. São estes Subditos pela mayor parte perdidos para o Estado. Este he hum dos menores males que cauzavaõ as Escolas do Latim demasiadas, e principalmente aquellas gratuitas.

Mas o mayor a meu ver, he que são a cauza de tanto

Ecclesiastico sem vocação: o Pay e a May querem pela mayor parte, entre a gente ordinaria, hum filho Ecclesiastico para honrar a familia; o mesmo filho entra naquelle intento, e para ter a sua subsistencia com honra e sem trabalho, sempre se acharaő devotos que daő o que basta, ainda por titulos falsos, para fazer o patrimonio: para entrar nas Communidades Religiosas Mendicantes, ainda ha mayores facilidades. He couza notavel que para que hum official possa ter logea aberta que necessite aprender por seis ou sete annos, sustentando-o seus Paes, ou pagando o ensino, e que hum rapás que aprendeo o Latim nas Escolas gratuitas, sem gasto algum, que ser vestido e sustentado por seos Paes, que possa adquirir um establecimento, e que a sua patria o perca; e que seja educado este Subdito até idade de 21 annos para entrar debayxo de outra Monarchia, que he a Ecclesiastica!

Philipe Quarto no anno de 1623 (1), attendendo aos males que cauzavaő tantas Escolas de Latim decretou, hűa Ley, que copiarei aqui. «Porque de haver en tantas partes destos Reynos Estudios de Grammatica, se consideran algunos inconvenientes, pues ni en tantos lugares puede aver comodidad para ensenarla, ni los que la apprenden, quedan con el fundamento necessario para otras facultades: Mandamos que en nuestros Reynos no pueda aver, ni aya Estudios de Grammatica, sino es en las ciudades, y villas donde ay *Corrigidores*, en que entren tambien Tenientes Governadores, y Al-

---

(1) *Recopilacion de las Leyes destos Reynos*, por Philipe Quinto. Madrid 1723, fol. 1, tit. 7, Ley xxxiv.

caides Mayores de lugares de las Ordenes, y solo uno
en cada Ciudad, ó Villa : y que en todas las fundaciones
de particulares ó Colegios, que ay encargo de leer
Grammatica, cuya renta no llega a trecientos ducados (1)
no se puede leer. «Y prohibimos el poder fundar
ningun particular estudio de Grammatica, con mas ni
menos renta de trecientos ducados, sino fuere como
dicho es en la ciudad y villa, donde huviere Corrogi-
miento, o Tenencia : y se se fundáre no se poderá leer ;
sino es que en el no aya otro ; porque en tal cazo
permitimos, que se pueda fundar, y instituir, siendo
la renta en cantidad de lós dichos trecientos ducados,
y no menos. Y assi mismo mandamos que no pueda
aver estudios de Grammatica en los Hospitales donde
se crian niños expuestos e desamparados, y que los
Administradores y Superintendentes tengan cuidado de
applicarlos a otros actos y particularmente al exercicio
de la Marineria, en que seran mui utiles, por la falta

---

(1) Hum *ducado* Castellano de onze réales eraõ naquelles tempos
do valor de 650 reis, que multiplicados por 300 ducados, faziaõ
195.000 reis : e como o valor da prata augmentou do anno 1623 a
quasi a metade, vem a ser estes 300 ducados nos nossos tempos
quasi 400.000 reis. He defeito de se darem os salarios pelo valor
numerario ; seria mais estavel que fossem determinados por marcos
de prata : essa he a cauza porque as cadeyras das Universidades
valem hoje tão pouco. No tempo del Rey Dom João o Terceyro
estava o marco a 2.600 reis, e hoje 60.000 reis : assim a cadeyra
que tinha de renda então 200.000 reis, valeria hoje pouco mais ou
menos 450.000 reis : e por essa razão seria mais justo quando se
fundão tais cadeyras de determinar-lhe e salario em marcos de
prata, por ser o pezo inalteravel.

que ay en estos Reynos de Pilotos: pero queremos que se conserven los Seminarios que conforme al Santo Concilio de Trento ha de haver».

Mas esta Ley produzio effeitos contrarios, ou ó que pretendia prohibir. . Observáraõ os Seculares esta Ley, e faltavaõ as Escolas nas villas e nas cidades: neste cazo vendo as Communidades Religiosas, que tantos meninos não aprendião Latim por falta de Escolas, ou por caridade ou por interesse começaraõ a ensinar Latim; e succedeo que hoje em todo aquelle Reyno ha mais destas Escolas, que no tempo de Phelipe Quarto. Deste modo, pois que pelo Decreto de sua Magestade se determina o numero das Escolas, e os lugares onde hão de ser fundadas, havia de haver defensa expressa que nenhũa Communidade Religiosa, nenhum Eccle- siastico, ou Secular pudesse ensinar publicamente, ou ter Escola da Lingoa Latina, sem permissaõ do Director dos Estudos.

Nesta Ley se concedem aos Bispos os seos Seminarios establecidos pelo Concilio de Trento, que acceitáraõ Portugal e Castella. Neste cazo podia cada Bispo fundar a sua vontade muitos Seminarios no seu Bispado com mui pouca despeza: conservariam hum Mestre de Latim e trez ou quatro Seminaristas em cada Seminario, e dariä liberdade a cada Pay de mandar aprender o Latim naquellas Escolas a seos filhos, e deste modo ficariaõ frustradas as utilissimas disposiçoens de S. Ma- gestade, e a sua clementissima Ley.

Mas se fosse do Real agrado de S. Magestade de- cretar hum Supplemento a ditta Ley; que os Bispos conservassem os seos Seminarios, e que nelles man-

dassem aprender e que ordena o Concilio de Trento;
mas que naõ servissem as Escolas dos Seminarios,
mais que para os Seminaristas educados e sustentados
a custa do mesmo Seminario; prohibindo admitirem
nelle a Mocidade que he sustentada e educada em caza
de seos Pays: pondo obrigaçaõ ás Justiças do Reyno,
e aos Delegados do Inspector dos Estudos, de manter
a observancia desta Ley.

Allegariaõ os Bispos e os Provinciais das Ordens
Monasticas e Mendicantes, que determinando S. Majestade o numero das Escolas Latinas, e prohibindo o
exercicio de todas as mais que havia de antes; que não
haveriaõ Sacerdotes bastantes, para servir as Parrhochias, nem Frades para povoar os Conventos. Estas
tão apparentes difficuldades se podiaõ vencer, e ficar
no seu vigor a Ley de S. Magestade. Não tinhaõ os
Bispos mais do que calcular quantos Parrochos lhes
serião necessarios nos seos Bispados, e a proporçaõ,
logo saberiaõ quantos Clerigos simplices lhes eraõ necessarios no mesmo Bispado: e se naõ bastasse hum
Seminario, para formar estes Ministros da Religiaõ,
que fundassem dois, ou mais se necessarios fossem.
Se as rendas do Bispado fossem sufficientes, para sustentar os Seminaristas propostos, o Bispo faria essa
despeza; quando naõ, se podiaõ transmutar muitas
Igrejas collegiadas em simples Parrochias, e applicar
aquellas rendas para o sustento dos Seminarios: do
mesmo nas Abbadias e Priorados do rendimento alem
de mil cruzados; Vigarios serviriaõ estas Abadias, e os
rendimentos primitivos seriaõ applicados aos dittos
Seminarios. Assim haveria Parrochos mais bem edu-

9

cados e instruidos; nem tanto Clerigo Simples, que naõ conheceo a primitiva Igreja; por que todo o que vinha a ser Sacerdote era para ser Cura de almas: e esta he hũa innovaçáo de haver Clerigos tonsurados com beneficios, e Sacerdotes simplices, que os Bispos introduziraõ, tanto que os Papas lhes tiráraõ a Jurisdiçaõ espiritual nos seos Bispados.

Muito mais facilmente se podia responder aos Provinciais das Ordens: he notorio que depois do Noviciado, que tem os Frades que aprendem a Philosophia e a Theologia dos Collegios ou Conventos: e porque naõ aprenderaõ a Lingoa Latina depois de terem professado? Este he o modo mais efficaz de entrarem as Ordens Regulares no seu primitivo instituto: todos os Frades eraõ Leygos, e a sua occupaçaõ era orar, e trabalhar trabalho de maõs; e só um ou dois Sacerdotes tinhaõ em cada communidade para administrar-lhe os sacramentos; e deste modo he que hoje dia se governaõ os Conventos de S. Basilio na Igreja Grega. Mas depois que os Frades usurpáraõ o officio dos Parrochos; depois que os Papas os isentáraõ da visita e da dominaçaõ dos Bispos, e que dependem sómente da Sé Apostolica, exceptuando para confessar e prégar, não puzeraõ termo ás suas pretençóes. Pódiaõ aprender Latim depois de professos como aprendem a Philosophia e a Theologia, e ainda lhes ficaria muito mais tempo, para aprender esta lingoa, para trabalhar e confessar, como já fica dito se faz em Napoles, se lhe fosse prohibido absolutamente prégar qualquer sorte de Sermão, fóra dos seus Conventos: ficando somente aos Parrochos esta incumbencia, ou lendo de pulpito para bayxo sermões impressos, ou aquelles que elles compuzessem: he certo que mui poucos Frades então estudariaõ nem Philosophia, nem Theologia: porque faltando-lhes o proveito, lhes faltaria a vontade de estudarem.

He couza notavel que pretendaõ os Bispos e os Frades, que estejaõ sustentando e educando os Subditos a seos filhos até a idade de dezoito annos, para ir fazer presente delles á Monarchia Ecclesiastica, da qual somente o Estado tem necessidade na pessoa dos Bispos, e dos Parrochos!

§.

Dos Mestres e dos Discipulos das Escolas do Latim etc.

Este cargo de ensinar a Rhetorica e as Humanidades, era no tempo dos Gregos e dos Romanos, hum dos principaes daquellas Republicas, como vemos pelas Leis Romanas a seu favor. Pela destruição do Imperio Romano do Occidente, e pela fundação das Universidades no Seculo xiii, ficaraõ os Grammaticos ou Humanistas excluidos das honras e dos premios com que foram decoradas as quatro Faculdades; e ainda que no xv e xvi seculo Lourenço Vala, Angelo Policiano, Joviano Pontano em Italia, e outros muitos por toda a Europa, como Erasmo, Luiz Vives, Turnebo, e os nossos Gouveas illustraraõ as letras humanas, sempre os Mestres das Lingoas Latina e Grega ficáraõ excluidos daquellas honras, e emolumentos das Universidades, e principalmente depois que se erigiraõ as Escolas gratuitas das Ordens Regulares.

Sua Majestade Fidelissima pelo seu Alvará a favor

destas Escolas restabeleceo este importante cargo da Republica ao seu antigo esplendor, installando-o nas honras, com que as Leis Romanas o decoravaõ. Estou persuadido que o Director dos Estudos do Reyno, para satisfazer á piedade com que Sua Magestade favorece os seos povos, empregará Mestres táo Capazes, que sejaõ superfluas todas as consideraçoens tocante o exercicio de seos cargos: o meu dezejo fora que tomassem mais a peito formar o animo dos seos discipulos do que amontoar na sua memoria todos aquelles conhecimentos que se ensinaõ nestas Escolas. Desejaraõ todos os bons Portuguezes que tenhaõ por alvo as suas fadigas e o seu disvello, formarem discipulos que sejaõ capazes de obrar tais acçoens, que mereçaõ ficar conservadas na historia, ou terem de escreve-las com tal energia, que fique a sua memoria vencedora do esquecimento: que pensassem que o perfeito conhecimento da Lingoa Latina e da Grega, da Historia Sagrada e profana, e das Antiguidades d'estas Naçoens, etc., não são o fim do seu emprego, que saõ somente os meyos para vir no conhecimento do que he util e decente, que saõ somente meyos, para pensar e obrar com justiça, equidade e amor das suas familias, do seu Rey e da sua Patria; que pensem frequentemente que o Estado deve ser recompensado com serviços reais e importantes, pelas grandes despezas, e cuidado que toma na sua propria conservaçaõ, e no seu ensino: que evitem naõ cahirem na vangloria, vaidade, e sufficiencia, com que sahiaõ infectados aquelles que estudavaõ nas Escolas felismente extinguidas.

No referido Alvará não se determina a condiçaõ dos

referidos Mestres, se seraõ Seculares ou Ecclesiasticos. Nessa consideraçaõ propuzéra que haviaõ de ser cazados, pelas mesmas razoens que indiquei asima, quando fallei dos Mestres das Escolas de ler e escrever: além disso, como Escolas do Latim, etc., devem ser erigidas em forma de Collegio, como proporemos abayxo, crece a necessidade de que estes Mestres sejaõ cazados, e que jamais seja admitido algum no estado do celibato.

§.

Necessidade que tem o Reyno de Escolas em modo de Seminarios

Tratarei primeiramente daquellas Escolas que haviaõ de ser establecidas em forma de Seminarios, ou *Pensoens* como dizem em França: e para mostrar a necessidade que temos dellas, e a sua utilidade geral, serei algum tanto mais difuso do que permite este papel.

Dissemos acima que seria necessario, vendo a grande necessidade que o Reyno tem de habitantes, que S. Magestade ordenasse «Que naõ houvesse Escolas publicas nem particulares, por dinheyro ou de graça, nas Aldeas e nos Lugares que contassem somente de duzentos fogos».

Nesta Supposiçaõ que se decretasse esta Ley, supponhamos que vivia em hũa Aldea de cincoenta vizinhos hum Escudeyro, ou hum lavrador rico, e que quizessem educar seos filhos a aprender a ler e a escrever: nesse cazo estes Pays se veriaõ embarassados e afflictos: naõ seriaõ talvez taõ ricos para ter ao seu serviço em casa hum Mestre: na villa onde estivesse establecida a Escola publica não teriaõ parentes para viver seos filhos em sua caza: clamariaõ contra a dita Ley estes bons e fieis Subditos, ou a defraudariaõ fundando hũa Escola na dita Aldea.

Em França, Inglaterra e Hollanda, e em toda a Alemanha, ou Catholica ou Protestante, he costume haver Mestres de ler e escrever, etc., tendo a sua custa hũa grande caza, ordinariamente nos arrabaldes das Villas ou Cidades, onde sustentaõ muitos discipulos, com tudo o necessario para viver e aprender, por hum tanto por anno, que ordinariamente saõ preços mui razoaveis.

Bem sei as difficuldades de introduzir hoje nas Provincias estes seminarios (que daqui por diante chamaremos Pensoens, para naõ confundilos com os dos Bispos). Os Pays e as Maens Portuguezas amaõ tanto seos filhos, que naõ os quereraõ mandar a aprender fora de caza. Alem disso os nossos Mestres Portuguezes naõ quereriaõ, ou naõ saberiaõ governar estes meninos em communidade, ou sustentallos, como se fossem seos filhos. Mas estas difficuldades se podem vencer tomando as seguintes precauçoens: Que o Mestre tivesse salario publico: que se lhe pagasse a caza oú cazas, onde estaria a pensaõ: que o Delegado do Director dos Estudos tivesse esta incumbencia de formar estas pensoens primeiramente na Corte e nas Cidades capitais; e tanto que hũa ou duas estivesse establecida, se deveriaõ imprimir instruçoens, para se establecer nas mais Villas e Cidades.

Deyxo a consideração de quem deseja ver augmentado o numero dos Subditos, por seu nacimento e estado serem as maons e os pés da Republica, se entrará na utilidade publica o establecimento d'estas pensoens: todo o custo seria no establecimento das primeiras quatro ou cinco; e em pouco tempo muitos Mestres, sem serem obrigados, as fundariaõ com permissaõ e approvaçaõ sempre do Delegado Director dos Estudos e Educaçaõ.

§.

Continûa a mesma Materia,
e das Pensoens das Escolas do Latim no Reyno,
por cauza da Educaçam da Mocidade
das Colonias e das Conquistas de Ultramar

As nossas Colonias estaõ fundadas pelas maximas da Monarchia Gothica e Ecclesiastica, e por nenhûa da Monarchia Civil: cada Colonia ou Conquista he hum parto de Portugal: porque na India, por exemplo, se instituio hûa Relaçaõ, como a de Lisboa e com a mesma Jurisdiçaõ e modo de processar: os mesmos Corregedores e Juizes dos Orphaõs: hum Arcebispo, com seu Cabido composto de muito Conego para cantar, em hum porto ganhado com tanto sangue, para comerciar; hum Tribunal do Santo Officio, emfim hum pequinino Portugal.

Fundáraõ Conventos, Escolas de Latim, Theologia, Philosophia: lá pode a Mocidade tomar as Ordens Sagradas; lá mesmo tem os Vice-Reis e Governadores auctoridade e Jurisdiçaõ para dar cargos, honras e preéminencias, e me parece que podem dar o gráo de Nobreza: e deste modo parece que Portugal, desde el Rey Dom Manoel, naõ fez mais que parir outros Reynos, e desfazer-se para crealos e conservalos.

Quem sabe de que modo os Romanos fundavaõ as suas Colonias, e de que modo as conservavaõ, achará quasi tudo o contrario ao que fizemos nas nossas; quem sabe o que fizeraõ os Castelhanos, os Francezes, os Inglezes e as mais Naçoens dos nossos tempos que tem Dominios na America, na Affrica e na Asia, o dano ou o proveito que tiveraõ pelo governo que deraõ a estes Dominios de Ultramar, poderá julgar se as maximas seguintes saõ necessarias ás nossas Colonias ou Conquistas, ou se lhe saõ perniciozas.

1.º Que o unico objecto das Colonias e das Conquistas, (falando como Cidadaõ) deve ser a agricultura universal, e o commercio; mas com tal precauçaõ que a agricultura e commercio do Reyno naõ fique prejudicado.

2.º Somente os Lavradores, os Pescadores, os Officiais Mechanicos, os Professores das artes liberais, os Mercadores deviaõ ser os legitimos habitantes das Colonias, os Senhores das terras, engenhos, moinhos, fabricas, cazas e outros bens de raiz.

Deste modo naõ haveria Morgados, Bens ecclesiasticos, Nobreza herdada nem establecida com terras: porque hũa Colonia deve se considerar no Estado politico, como hũa Aldea a respeito da Capital. Nenhum Governador, Magistrado, nem Ecclesiastico com Cargo, ou Jurisdiçaõ, poderia ser Senhor de terras.

3.º Que seria prohibido ensinar a Lingoa Latina, Grega e Philosophia a nenhum Secular, mesmo ainda dentro dos Cabidos ou Conventos; que somente seriaõ permitidas as Escolas de ler e de escrever, da arte de ensinar os livros de conta e razaõ, e tudo o mais que se ensinasse nas Escolas de ler e de escrever establecidas no Reyno.

Naõ he deste lugar alongarme mais no que pertence ás Colonias; bastame o referido, para mostrar a necessidade que tem Portugal de fundaremse nelle Pensoens ou Escolas collegiadas, onde possaõ vir aprender Latim e Humanidades aquelles nacidos nas Ilhas, e nos Continentes dos Dominios de Ultramar.

Prohibemse as Escolas do Latim, etc., nas Colonias, para evitar o summo prejuizo que causa ao Reyno, que nellas os Subditos nativos possão adquirir honras, e tal estado que sayaõ da classe dos Lavradores, Mercadores, e Officiaes. Porque todas as honras, cargos e empregos deviaõ sair somente da auctoridade e da Jurisdiçaõ do Soberano, para ficar dependente a dita Colonia da Capital: mas nenhum methodo mais effectivo para este fim, do que criarse a Mocidade dos Dominios de Ultramar no Reyno: e considerando o Estado a summa utilidade deste intento, havia de establecer todos os meyos em Lisboa, no Porto e em outros lugares a roda, onde pudessem vir aprender tudo o necessario, para entrar no Estado Ecclesiastico, e matricularemse nas Universidades Reais.

Se nos referidos lugares se estabelecessem *Pensoens*, para aprender Latim, etc., naõ tinhaõ razaõ de se queyxarem os habitantes dos Dominios de Ultramar, que ficavaõ excluidos seos filhos da Educaçaõ ingenua, porque lhes ficava a porta aberta para sobirem aos cargos honrosos de todo o Reyno.

O Estado ganharia a circulaçaõ do dinheyro das Colonias para a Capital, e taõbem a circulaçaõ dos Subditos; porque muitos nacidos em Ultramar educados assim no Reyno se estableceriaõ nelle, mandariaõ vir as suas riquezas; e nestas mudanças ganharia sempre a agricultura e o commercio: se voltassem para a sua Colonia natal, sempre conservaria mayor amor para o lugar onde foi criado; por esta circulaçáo se augmentaria o amor dos povos para a sua patria, e principalmente se outras instituiçoens, que não são deste lugar, se entroduzissem no Governo dos ditos Dominios, incluindo nelles todas as Ilhas.

Temos visto o bem que resultaria ao Reyno, determinandose hum certo numero de Escolas, para aprender a ler e a escrever, como taõbem para aprender a Lingoa Latina: temos visto que neste cazo saõ necessarias estas Escolas com *Pensoens*, para serem sustentados e educados aquelles discipulos que quizerem aprender a sua custa. De que modo deviaõ ser governadas estas *Pensoens,* quem havia de ter incumbencia dentro dellas, da economia, ensino, não he deste lugar.

§.

Das tres Classes de Discipulos das Escolas Latinas, etc.

Todos aquelles que querem em Portugal aprender a Lingoa Latina, a Philosophia, estudar os Canones, a Jurisprudencia e a Medicina, o podem fazer sem o menor obstaculo: todos estes Estudantes saõ tidos e havidos por Subditos do Estado; e a Igreja naõ lhes refuza os Santos Sacramentos. Mas esta liberdade he cauza da destruição e desolação de muitas familias honradas; he causa da mais inintelligivel contradição entre a Igreja e entre o Estado: ponhamos dois Estudantes, por exemplo, seculares, hum matriculado em Leys, e outro em Medicina, e sigamolos nos seos estudos; taõbem e depois que tomarem os seos gráos na universidade.

O estudante Legista já formado chega a sua terra, que supporemos será hũa villa com Juis de fora, ou cabeça de comarca, e pretende ser letrado da Camara: ordinariamente tem por despacho, que tire primeyro as *suas Inquiriçoens de limpeza de Sangue*, e que será deferido: se este Bacharel em Leys, ou Licenciado não se determinou a advogar, e quis ler no Dezembargo do Paço, para seguir as varas, he obrigado em primeiro lugar tirar as suas *Inquiriçoens*, e presentalas juntamente com o seu requerimento.

Mas se o mesmo Bacharel em Leys não quis seguir o exercicio da sciencia que aprendeo, nem na Advocacia, nem na Magistratura, e quis somente ser Cavalheyro do habito de algũa Ordem Militar, ou pelos serviços de seus antepassados, ou pelo seu nacimento nobre, he obrigado pela meza da consciencia presentar as suas *Inquiriçoens*, juntamente com o seu requirimento.

Sigamos agora o Estudante Medico: este no primeiro ou no segundo anno dos seos Estudos, se quer oppor-se a aquelles partidos que dá a Universidade aos Estudantes benemeritos, he necessario que tire as suas inquiriçoens, e que os prezente com o seu requirimento á Universidade. Supponhamos este Estudante já formado em Medicina, que chega á sua terra, onde ha partido da Camara, de que goza hum XN Medico: neste caso o novo Medico se tirar as suas inquirições de limpeza de sangue, alcançará o partido que pretende; e o Medico que naõ pode tirar Inquiriçoens limpas fica rejeitado delle, ainda que servisse a dita Camara por quarenta annos. Ja se vé que este Medico rejeitado naõ pode ter cargo honroso; como ser Medico de hum Hospital famoso; ser familiar do Santo Officio, nem ser de nenhuma ordem Militar, nem mesmo ser Terceyro do Habito de San Francisco.

Todo o referido he a constante pratica em Portugal; este Legista e este Medico formados, até o tempo que quizeraõ ter algum cargo honroso ou proveitozo, eraõ conhecidos pelo Estado, como bons e como fieis Subditos; tiveraõ nelle toda a proteçaõ; e estão condecorados com as honras dos gráos da Universidade: por todo o tempo dos seos Estudos e depois de formados, a Igreja os conheceo, e teve por verdadeyros Christaõs, a quem nunca refuzou os Sacramentos.

Porque cauza logo se refuzaraõ os cargos e honras do Estado a estes dois *Licenciados* em Jurisprudencia e Medicina? Que crime cometeraõ? Se o cometeraõ? porque naõ foraõ castigados pela Igreja e pelo Estado? Neste modo de proceder andaõ incoherentes tanto o Tribunal secular, como o Ecclesiastico. Se estes Estudantes saõ indignos de honras, porque os decorou a Universidade com os seos gráos? porque consente o Estado, que os Letrados, sem terem Inquiriçoens de Sangue, advoguem publicamente, defendendo e acuzando a honra, os bens, e a vida dos Subditos? Porque consente que semelhantes Medicos tenhaõ as vidas e a honra dos seus Subditos no seu poder. Porque razaõ a Igreja da fé ás suas attestaçoens que os seos enfermos podem comer carne na quaresma? e ao mesmo tempo o Estado e a Igreja tem estes Cidadoens e Christaõs por indignos de exercitar cargos honrosos, e entrar no Estado Ecclesiastico.

Para evitar tantos absurdos seria indispensavel determinar o Concelho da Educaçaõ da Mocidade, «que todo aquelle que quizesse aprender Latim, que fosse obrigado trazer hũa certidaõ de *vita & moribus*, com outra semelhante de seos Pays firmada pelo Vereador mais velho, ou juiz de Fora, taõbem pelo seu Parrocho, sem as quais certidoens naõ seria permitido a ninguem de se matricular n'estas Escolas Reais».

Acabados os Estados destes Estudantes, a cada hum se daria hũa attestaçaõ authentica do que estudou e que louvores mereceo nos estudos que fez, da qual ficaria o original no Cartorio: sem esta attestaçaõ nenhum estudante poderia ser matriculado na Universidade nem em nenhum dos Estudos que chamaõ mayores; e com a mesma attestaçaõ poderiaõ pretender a todos os cargos, honras, e dignidades a que os conduzem os seos estudos, tanto Seculares, como Ecclesiasticos, sem outro acto algum com titulo de Inquiriçoens de Sangue, Limpeza de Sangue, ou outra qualquer invençaõ disturbadora e destruidora do Estado.

E naõ creyo que haverá homem sensato que tema por esta providencia que se introduza a superstiçaõ judaica (porque naõ ha outro Judaïsmo em Portugal) ou o mahometismo: porque he evidentissimo que nenhum Juiz ou Magistrado, nenhum Parrocho, nem vigario daraő jamais a hum menino attestaçaő de *vita & moribus,* e de seos Pays, se estes forem tidos e havidos por *Christaős novos,* ou algum delles tivesse estado na Inquiziçaő; e deste modo ficariaő excluidos de aprender nestas Escolas todos os filhos dos Christaős novos; e estes se acabariaő deste modo, e muita parte do Reyno recobraria a honra de ser Christaő Velho, quo tinhaő perdidő pelas Inquiriçoens, e invento diabolico forjado em Castella por João Martins Silicius, Arçobispo de Toledo (1).

§.

Continúa a mesma Materia

Para que estas Escolas sejaő permanentes, e que as despezas que com ellas fizer o Estado sejaő recompensadas com utilidade publica e gloria da Monarchia, devesé considerar logo na sua fundaçaő, se habitariaő

---

(1) Mestre de Phelipe segundo ordenou «Ne quis e Stirpe gentis Hebraeae opimis Ecclesiae Toletanae Sacerdotiis potiretur: quamobrem & invidiam sed constanti animo sustinuit, Judæorumque apologiam Lutetiae editam, calumniam elusit.» *Bibliotheca Hispanica Andreae Scholti,* tom. ꟷ, pag. 571.

Em outro lugar mostrei que o costume de tirar Inquiriçoens de Sangue naő he ley das Ordenaçoens, nem da Igreja universal; e que este abuso he contrario ao Concilio de Bazilea: que foi invento Castelhano, que abraçamos quando o Reyno foi uzurpado por Phelipe Segundo; que servio para multiplicar a superstição Judaica, a deshonra das familias nobres, para destruir a harmonia e a paz entre os Subditos do mesmo Estado, e que deve reynar nos Coraçoens Christaős.

os Mestres com suas familias porque necessariamente haviaõ de ser cazados) e hum certo numero de estudantes, no numero de *quinze até vinte,* sustentados e mantidos a Custa Real, como filhos adoptivos do Estado? E bem se poderá considerar que para adquirir hũa adopçaõ taõ Illustre, que deviaõ ser bem examinados na capacidade, e no talento; e que se naõ aproveitassem, o que se veria por cada exame annual, que seria rejeitado, conforme as *Instruçoens,* e o Alvará de Sua Majestade.

A destinaçaõ destes Estudantes internos seria para serem Mestres nas Escolas onde faltassem: seria para passarem a estudar a Jurisprudencia, a Phisica, as Mathematicas, e a Medicina: e ultimamente para viajarem pela Europa, e informandose e aprendendo conforme as instruçoens impressas, ás quais cada hum delles devia conformarse.

A necessidade que tem o Estado destes Estudantes internos, educados do modo proposto, e destinados para perpetuar as sciencias humanas na sua patria, he evidentissima a todo aquelle que conhece a difficuldade de adquirir estas sciencias á sua custa.

Naõ bastará o ensino de Portugal, ainda que tenhaõ os mais perfeitos Mestres, para ensinar e governar estas Escolas. Seria necessario que viajassem por quatro ou cinco annos, pelos Potentados onde se ensinaõ as sciencias humanas. He certo que só em Hollanda, Alemanha, Inglaterra e França existem hoje as humanidades, o perfeito conhecimento das Lingoas doutas, a Sciencia da Physica geral, as Mathematicas, a Jurisprudencia universal, a Philosophia e a Medicina, e que só nas suas Escolas e Universidades se tem achado o melhor methodo de aprender e de ensinar estas sciencias.

Tanto que houvesse o numero de quatro ou cinco Discipulos internos das mais capazes destas Escolas Reais, o Director dos Estudos lhes daria a cada hum sua instrucçaõ impressa para continuar os seos Estudos nas Universidades da Europa, principalmente nas seguintes: Edimburgo em Escocia, Utrecht e Leyde em Hollanda, Gottingue e Leypsic em Alemanha, e Strasburgo e Paris em França: nas quais deviaõ notar de que modo se governaõ, de que modo ensinaõ os Professores, de que modo aprendem os Discipulos, por quantos annos estudaõ, e como fazem os seus actos. Cada hum destes Estudantes havia de corresponder-se com hum Mestre das Escolas Reais a quem mandaria o jornal das suas observaçoens, e a conta dos seos Estudos; deste modo pela practica, e pelo estudo, viriaõ a ser homens consumados para ensinar e para governar as Escolas; tanto que estes primeyros quatro ou cinco Estudantes tivessem viajado por quatro ou cinco annos, voltariaõ para Portugal, e outros seriaõ mandados em seu lugar, para que sempre e sem intermissaõ houvesse fora no mesmo emprego quatro ou cinco destes discipulos. Já fica evidente que deste modo naõ poderiaõ jamais ficarem dittas Escolas sem Mestres dignos de taõ excellente instruçaõ.

O resto destes discipulos internos, acabados os seos Estudos, deveriaõ passar a viver nos Collegios onde se ensinaraõ as Sciencias, ou Estudos Mayores, que indicaremos abaixo; nestes mesmos seriaõ educados e sustentados á Custa Real, naõ só para virem a ser Mestres dos mesmos Estudos, mas taõbem para servirem o publico.

A *segunda* sorte de Discipulos de que se devia compor esta Escola Real, seria *Pensionarios*, ou Porcionistas.

Mostramos assima a necessidade que tem o Reyno desta instituição das *Pensoens* tanto nas Escolas de escrever e ler, mas taõbem nas do Latim; necessidade indispensavel, se se prohibirem as Escolas nas Aldeas, e nos piquenos lugares ou villas, e taõbem aquellas da Grammatica e do Latim em todos os Dominios de Ultramar. Esta Educaçaõ dos Collegios he utilissima á Mocidade, e por consequencia a sua patria: ali perdem aquelle mimo e regalo que tem ordinariamente na caza de seos Pays; adquirem pelo trato e communicaçaõ dos condiscipulos mayores conhecimentos da vida civil; estando sempre guardados e observados pelos seos Mestres e Inspectores, naõ se estragaõ com vicios; adquirem hum animo de patriotismo, e se consideraõ pertencerem ao Estado: o animo he mais elevado, o trato civil mais livre e facil pelo costume de estarem sempre em grande Sociedade. Por estas vantagens de que carece hoje a Mocidade Portugueza, devia o Director dos Estudos pôr todo o disvelo de introduzir no Reyno estas pensoens cada qual a sua custa, que todos louvariaõ, principalmente, se o Estado augmentasse mais Cargos Civis do que hoje tem, para serem servidos por estes Pensionarios, e como esta materia requer mayor evidencia, della fallaremos em outro lugar aqui abayxo.

§.

Digressam sobre as Pensoens *e sobre a Lingoa Latina*
tanto no Reyno, como nas Colonias

Para que todos conheçaõ a impossibilidade de esta-
beleceremse *Pensoens* de Escolas de ler e escrever, e
aquellas propostas das Escolas do Latim, ouçamos
fallar na sua Aldea hum Lavrador honrado, sobre esta
ley que prohibio as Escolas nas povoaçoens limitadas.
Queyxarse hia este ao seu Cura do modo seguinte:
«Ora que farei eu com esses dois rapazes que tenho?
querem por força fazernos tontos, e que naõ saibamos
fazer mais que hũa crus no fim do Testamento. Dey-
táraõ fora da nossa Aldea o Mestre que ensinava os
Meninos, e nos fazem saber por hum edital, que na
Villa daqui tres legoas poderemos lá mandar aprender
os rapazes a ler e a escrever, e outras muitas couzas
da moda; e viviraõ em pensaõ em casa do Mestre, a
condiçaõ que lhe paguem por cada Menino trinta mil
réis por anno, e a metade adiantado. Mas quem me
dará tanto dinheyro, para fazer estes gastos? Recolhi
quinhentos sacos de trigo e centeyo, e Deos sabe onde
elles vão; paguei ao Ferreyro pelo concerto das relhas
pedoas e roçadouras *quarenta sacos;* ao Barbeyro paguei *des;* ao çapateiro paguei *vinte;* ao Mayoral e aos
Mossos paguei *cincoenta;* como me morreraõ *dois* bois
e a *minha egoa,* foi necessario *gastar* cem sacos de
trigo que dei por estes animaes; he necessario guardar
para semear, e sustentar a caza com aquelles que me
ficaõ, e naõ tenho nem para vender, nem dar a esse

Senhor Mestre de ler que vive na Villa, porque diz que naõ aceita mais que dinheyro, e naõ está pelo acordo do Mestre que tinhamos aqui a quem davamos por ensinar cada rapas hum saco de centeyo.»

Quis assim dar a entender que os alimentos em Portugal servem de dinheyro, e que naõ saõ mercancia: quis mostrar que naõ poderá subsistir jamais o Estado Civil em quanto nelle naõ estiver em vigor aquella Ley, que se fassa comercio com os alimentos, como se faz com os panos, com as baetas, e outras mercancias; porque as Leis das nossas Ordenaçoens, e o errado das nossas Alfandegas, saõ a cauza d'estas desordens.

No livro quinto das Ordenaçoens, tit. 76 e 77 se leem Leis contrarias ao augmento da Agricultura e á circulaçaõ que deve continuar no Estado Civil: ali se defende que pessoa alguma compre trigo, farinha, centeyo, cevada, nem milho para tornar a vender... Que ninguem atravesse o pão que de fora do Reyno vier, e que só quem o trouxer o possa vender; que todos os que trouxerem pão de Castella o possaõ vender livremente onde quizerem; o mesmo se determina ali com o vinho e azeite para revender. Pela practica constante, e contraria totalmente a estas Leis, que tem hoje Inglaterra e França, se vé que naõ poderá jamais Portugal ter agricultura em quanto se observarem; como taõbem em quanto os Almotaceis (1) almotaçarem os frutos, as sementes, o peyxe do Reyno, e as carnes: só hum bem tem estas almotaçarias, que he almotaçarem o bacalhao, e o peyxe salgado dos estrangeyros: deste modo fazem

---

(1) Ibid. Liv. 1. tit. 68. § 10, 11 & 12.

que nos naõ levem mais de dois milhoens por anno; como se as costas dos nossos mares naõ tivessem peyxe.

De tudo o referido se ve que os Lavradores naõ tem, nem podem ter dinheyro, nem os Ferreyros, Barbeyros, Medicos das Provincias, Lettrados, Officios, e outros Cargos: porque todos saõ pagos com os frutos, que servem de dinheyro; havendo de servir em boa politica de mercancia, com tanta liberdade de compralos e de vendelos, como se faz com tudo o que he fabricado no Reyno. Em quanto as rendas das terras se pagarem em fructos, e naõ em dinheyro, o que havia de ser posto por Ley; em quanto se permittir entrem trigos de fora do Reyno por mar e terra sem pagar Direito algum, ou sem fazer Selleyros destes graõs estrangeyros para se venderem somente na falta do trigo nacional; prohibindo a todo o Estrangeyro de vender o seu trigo mais que ao Director do Selleyro daquelle porto, sempre haverá miseria no lavrador, e naõ terá dinheyro, nem para educar seos filhos nem para augmentar a sua lavoura.

Esta introducçaõ de pagarem os Lavradores, os Rendeyros e os Senhores de terras as suas dividas com os frutos, he antiquissima no Reyno; mas isso mesmo prova que o povo era entaõ escravo do Senhor da terra: prova que naõ havia agricultura, que para satisfazer a necessidade; prova taõbem que naõ havia comercio; daqui vieraõ aquelles perniciozos costumes da mayor parte das terras dadas a foro, que se pagaõ em sementes, em galinhas, em ovos, em porcos, em prezuntos e em gado miudo e em vacum. Ainda muitos Commendadores arrendaõ as suas commendas, com as clausulas expressas de serem pagos em parte com alimentos e com provisoens. Muitos Conventos, Hospitais pagaõ com frutos e com porçoens alimenticias; o que tudo devia ser reduzido a dinheyro e obrigar por este modo ao Lavrador vender nas praças publicas os frutos da sua agricultura. Naõ he necessaria almotaçaria, porque havendo muitos que vendem no mesmo · lugar, o concurso de tantos vendedores regra o preço do que vendem: deste modo se promove a circulaçaõ; o Lavrador sempre tem que vender; tem com que sustente a sua familia e educala, com que compre animais, para augmentar a sua lavoura; ou das terras incultas, fazelas ferteis.

He natural a todo Pay de familias pensar a establecer seos filhos naquelle estado que lhe sirva para passar a vida com honra, com proveito e com descanzo. Hum Pay em Portugal que tem tres filhos, homem ordinario, mas cidadaõ, official por exemplo, ou que tem cem mil reis de renda da sua vinha, olival e jardim, ve-se na mayor preplexidade, se se achar nas circumstancias seguintes: primeyramente se vive em alguma villa de Provincia; 2.º Se naõ podem tirar seos filhos as suas Inquiriçoens limpas; 3.º Se saõ taõ estupidos ou extravagantes, que jamais aprenderaõ Latim. Estes rapazes seriaõ somente capazes de aprender hum officio mechanico; mas o Pay vendo que naõ será bastante para adquirir o seu sustento; vendo o estado abatido e desprezado dos officiaes, a miseria em que vivem, jamais se determina senaõ na ultima necessidade, a fazer aprender seos filhos algum officio: porque naõ havendo comercio interno algum em Portugal, nem com os frutos, nem com as fabricas, os officios mechanicos e todas as artes, ficaõ no mayor abatimento e miseria.

Mas se estes rapazes podessem tirar as suas Inquiriçoens, que faria todo o pay naquellas circunstancias? he natural que dissesse, que aprendaõ Latim; se naõ forem Clerigos, seraõ Frades; se aprenderem mal, tenho amigos que se empenham para entrarem na Ordem dos Capuchos; e se naõ aprenderem cousa alguma, seraõ Frades Leygos, ou Donatos: teraõ que comer, e ficará a minha caza honrada com estes Religiozos.

Deste modo todos vaõ aprender Latim, porque o Latim he o passaporte para entrarem no Paraizo terrestre, onde se come sem trabalhar, onde ha tantos estabelecimentos em cada Villa e Aldeas, como saõ os Conventos e Capellas, faltando ás vezes as Parrhochias. Logo a cauza porque a mayor parte da Naçaõ aprende o Latim, provem porque no Reyno ha poucos estabelecimentos para ganhar a vida; faltaõ muitos Cargos publicos que puderamos ter, se tivessemos commercio interior, e a agricultura como commercio, e como base do commercio; provem que o Soldado, o General, o Juis de Fora, e o Dezembargador naõ somente he pago em sua vida, mas ainda depois de morto, o Estado recompensa mais grandiozamente; os filhos destes Soldados e Magistrados, e outros que serviraõ a patria, requerem tenças, honras, commendas, officios de escrivaõ da Camara, dos Orfaõs, das Alfandegas a perpetuidade (ás vezes) pelos serviços de seos Pays, como se jamais fossem pagos, ou recompensados em quanto

serviraõ; o que he certo, que o Estado defere ás pretençoens e supplicas *destes filhos e herdeyros.*

Daqui vem o ocio, e o querer viver á Cavalheyra;
porque muitos destes premiados ficaõ Cavalheyros das
Ordens Militares. Daqui vem tanta gente inutil, que
se naõ foraõ aquellas recompensas, serviriaõ como seos
Pais ou aprenderiaõ hum emprego, ou officio. Deste
modo o Reyno em lugar de ter na sua maõ aquella
clemencia de fazer trabalhar e agenciar os Subditos,
só tem para promover o torpe ocio, a vaidade e a dissoluçaõ. Isto he o que confirma o principio assima:
«Que das boas ou más Leis de um Reyno dependem
os bons ou maos costumes delle; e que todos os Sermoens, Missoens, Novenas, Vias Sacras, Romarias,
Irmandades e Confrarias saõ inuteis para fazer bons
Christaõs e bons Cidadoens, em quanto existirem as
mesmas Leis Politicas e Civis no mesmo Reyno».

Como em Portugal ha tantos establecimentos no Estado Ecclesiastico, onde residem a honra, e a subsistencia, e que o Latim he a porta para entrar nelles, he
natural que todos queyraõ aprender esta Lingoa. Como
os premios se daõ a quem naõ servio o Estado, e só
aos Herdeyros que naõ fizeraõ serviço algum, daqui
vem o odio, e o desprezo para o trabalho, e para a
industria. Se o Estado naõ puzer por alvo a honra e
a conveniencia em outro lugar que no Ecclesiastico e
na Nobreza, todos os plebeos quereraõ ser Ecclesiasticos ou Nobres. Dispenda o Estado a instituir Cargos
para promover a agricultura como commercio e a industria; occupe os Soldados com dobre e triple paga
a fazer caminhos de carros; mande desentupir as fozes

dos rios que entraõ do mar, para se desalagarem os campos convertidos em alagoas, atoleyros e paûles; logo seraõ necessarios Architectos, Engenheyros, Machinistas, Contadores, Inspectores, Escrivaens e Secretarios, e outro grande numero de gente empregada nestas obras para haver Comercio interior e agricultura; sem ellas naõ he possivel que haja industria, nem trabalho no Reyno.

§.

Da terceyra Classe de Estudantes que aprenderia nas Escolas Reais a Lingua Latina, Grega, etc.

Pois que em Portugal está introduzido que os Meninos e rapazes sayaõ todos os dias da casa de seos Pays ir aprender nas Escolas publicas ler, e escrever, e o Latim, seria mui censurada a resolução de prohibir esta sorte de Discipulos e Estudantes. Admirome por tanto do Santo zelo e fervor, que tantos bons e pios Ecclesiasticos mostráraõ para promover a Santidade dos bons Costumes, que naõ reparassem atégora na origem de tanto vicio e dissolução da Mocidade Portugueza, para dar-lhe o remedio mais efficas! He impossivel que naõ estejaõ persuadidos que nas Escolas publicas aprendem muita ruimdade e maldade: a sua propria experiencia os convenceria. Disgraçadamente quem poderá remedear este dano naõ foi educado nas Escolas publicas: porque a primeira Nobreza e a Fidalguia todos daõ Mestres particulares a seos filhos, que aprendem em caza dos Pays; e naõ podem jamais vir no conhecimento da destruição dos bons costumes, que se adquire em quanto os Meninos e os Rapazes frequentaõ as Escolas do modo referido.

Sahindo cada dia de caza duas vezes tem occaziáo estes Estudantes de se communicarem, e de aprenderem todos os maos costumes do povo, e queyra Deos que naõ aprendaõ taõbem os vicios; o certo é que naquella liberdade em que vaõ á Escola, e voltaõ para suas cazas, adquirem desobediencia, perguiça, rudéz e obstinaçaõ que observaõ nelles os Mestres, talves faltando ás classes por sua culpa, talves desculpandose com mil mentiras por semelhantes faltas.

Se fosse possivel que todos os Estudantes das Escolas Reais vivessem em clauzura, seria o melhor methodo de receber aquella tenra idade a melhor educaçaõ possivel: as ventagens que tem esta educaçaõ em commum direi adiante, quando tratar da Escola Militar.

§.

Dos Estudos Mayores, ou Collegios Reais

Dilateyme mais tempo nas observaçoens sobre as Escolas Reais, por me parecer necessario dar a conhecer os inconvenientes que impediriaõ a sua utilidade, e algum methodo para evitalos. He certo que o fim ordinario destas Escolas do Latim, tem ordinariamente por objecto estudar as Sciencias e exercitalas para utilizar o Estado: vejamos primeyramente que necessidade tem dellas, e as que devem aprender aquelles subditos destinados a servir a sua Patria.

Pareceme que todas as Sciencias de que necessita

hum Reyno christaõ nos nossos tempos se podiaõ ensinar em trez Escolas.

Na *primeyra*. Toda a Historia da Natureza Universal; da Natureza humana; as produçoens que resultaõ
da combinaçaõ de varios Corpos; as suas propriedades
e virtudes; e a applicaçaõ dellas para uzo e utilidade
da vida humana, e vida civil.

Nesta Escola se ensinaria a Historia natural, a Bo-
tanica, a Anatomia, a Chimica, a Metallurgia, e a Medecina com todas as suas partes. Mas como sou obrigado escrever do methodo de ensinar e aprender a
Medecina, entaõ he que tratarei mais particularmente
desta Escola.

Na segunda Escola. Todos os conhecimentos que
necessita o Estado Politico e Civil para governarse e
conservarse, e viverem os subditos naquella felicidade
a que pode conduzir a intelligencia humana.

Nesta se ensinaria a Historia Universal, Profana e
Sagrada; a Philosophia Moral, o Direito das Gentes, o
Direito Civil, as Leis Patrias: a economia civil, que se
reduz ao Governo interior de cada Estado.

Na terceyra Escola. Todas as couzas que pertencem
á Sagrada Religiaõ e ao seu exercicio.

Mas como só os Ecclesiasticos devem ensinar, e
aprender estas Divinas Sciencias, naõ me pertence a
mim indicar o que nellas se devia aprender.

Na Universidade de Coimbra se ensina a Theologia,
o Direito Canonico, a Jurisprudencia e a Medecina,
que compoem as *quatro Faculdades;* e na verdade que
este ensino ainda que com *vinte e quatro Lentes,* e
muitos Conductarios, naõ he suffuciente para se edu-

carem os Subditos, de que tem necessidade o Reyno; porque nestas quatro Faculdades não entra a Sciencia Natural, que indicamos assima na primeira Escola. Porque a Faculdade de Medecina que existe em Coimbra he insufficiente para, aprender o que necessita o Naturalista, o Physico, o Chimico, o Medico e o Anatomista.

A Jurisprudencia, e o Direito Canonico que se ensinaõ actualmente na nossa Universidade, naõ saõ bastantes para formar Conselheyros de Estado, Secretarios de Estado, Embayxadores, Generais, Almirantes, etc. Necessita o Estado d'esta sorte de Cargos, servidos por Subditos que aprendessem o que indiquei assima na segunda Escola Mayor.

Com esta clareza o Director dos Estudos poderia representar a S. Magestade, que como as sciencias que se ensinavaõ na Universidade de Coimbra eraõ insufficientes para a Educaçaõ da Mocidade, destinada a servir o Estado, que necessariamente devia ser reformada; e que deyxava á disposiçaõ de S. Magestade a execuçaõ da proposta seguinte.

Que a Faculdade de Theologia, e o Direito Canonico, sendo Sciencias Ecclesiasticas, e que somente os Ecclesiasticos as seguiaõ e as ensinavaõ, deviaõ ser separadas das sciencias humanas, especificadas aqui assima na primeyra e na segunda Escola Mayor; que só aos Bispos pertencia governar estas Sciencias Sagradas, e que a elles ficaria toda a incumbencia de conservar estes Estudos.

Que S. Magestade lhes determinaria hũa Cidade do Reyno, por exemplo Evora, Lisboa, Coimbra, ou Braga,

para estabelecerem ali a Universidade Ecclesiastica, res-
tricta somente a ensinar as duas Faculdades de Theologia, e do Direito Canonico.   Onde nenhũa concluzaõ,
livro, nem escrito, ou decisão daquellas duas Faculdades,
sahiriaõ a publico, sem approvação de dois Fiscais Seculares auctorizados por S. Magestade a reverem, e a
approvarem tudo o que se imprimiria, ou se decretaria
naquella Universidade, para que nella se naõ ensinasse
maxima algũa contra as Leis do Estado; e que estes
dois Fiscais seriaõ os primeiros perante os quais fossem
prezentados os Escritos que se haviaõ de imprimir, e
que somente com sua approvaçaõ poderiaõ passar a ser
revistos pelos Censores, Qualificadores, ou Vigarios
Gerais dos Bispos e da Inquizição.   O Conservador,
ou Fiscal que S. Magestade tem em Coimbra para a
inspecçaõ que se naõ imprimaõ concluzoens, ou outros
quaisquer actos contra as Leys do Reyno, vem inutil e
de nenhum exercicio.   Por hum abuzo ininteligivel tudo
aquillo que se imprime em Coimbra o primeiro Tribunal,
onde se pede a licença para imprimir-se, he no do
Santo Officio, tanto que as concluzoens, por exemplo,
ou outro qualquer acto, ou livro saye com as licencias
deste Tribunal; vai entaõ diante do Conservador assima
ou Fiscal; este vendo as Licenças da Inquizição firma
e consente que se imprima tudo.   Este mesmo abuzo
se practica em Lisboa: quem tivesse que imprimir
algum escrito devia em primeiro lugar supplicar ao
Dezembargo do Paço, como ao primeiro Tribunal do
Reyno, que julgaria se contem algũa proposição contra
a authoridade Real; depois devia o Autor do livro
supplicar ao Ordinario, o qual julgaria se havia nelles

couza contra a Religiaõ e bons Costumes, que he a quem toca de direito esta materia; e em ultimo lugar (pois que assim o quizeraõ os Bispos) iria á Inquisiçaõ, a quem toca somente inquirir da heresia. Este he o methodo natural e juridico; em lugar que hoje pela confuzaõ das jurisdiçoens tudo he pelo contrario.

Que havendo tantos Cabidos e Collegiadas, e tantas Abbadias das Ordens Monasticas dotadas com tantas rendas que podiaõ parte destas servir a manter estas duas Faculdades, com tanta mais razaõ, porque só os Sacerdotes Seculares e os Frades ensinariaõ e estudariaõ nesta Universidade.

Que S. Magestade a imitaçaõ de Frederico Segundo Emperador e Rey de Napoles, e Francisco Primeyro, Rey de França, poderia, sem intervençaõ alguã da Corte de Roma, fundar as duas Escolas Mayores, ou Collegios Reais: a primeyra para se ensinar tudo o que pertence á natureza universal e humana, e a segunda para se ensinar tudo o que pertence ao Governo da Monarchia.

Na consideraçaõ que as nossas Ordenaçoens deviaõ ser reformadas, he que insisto que a Theologia e o Direito Canonico fique unicamente no poder dos Ecclesiasticos, e que somente estes deviaõ aprender estas duas Faculdades; mas no cazo que naõ se reformem, naõ necessitaõ ainda os Seculares tomar gráo algum na Faculdade de Canones, porque os Seculares que estudarem na Universidade Real proposta, as Leis Civis e as Leis Patrias, por si mesmo se poderaõ instruir do Direito Canonico, como dos Concilios, e da Historia Ecclesiastica; e como nas Universidades actuais nenhum

Secular nem Ecclesiastico toma gráo na Historia Ecclesiastica, ou na dos Concilios, assim he couza superflua
que os Seculares conheçaõ tal Faculdade chamada Canones, no cazo que os Ecclesiasticos quizessem conservar aquelles uzos actuais tomando gráos de Doutor em
Canones com capello verde, seriaõ os arbitros, com
tanto que fosse á custa das suas rendas.

Aquellas pessoas a quem S. Magestade cometteria
reformar as nossas Ordenaçoens, necessariamente deviaõ ter estado alguns annos em França, e principalmente em Turim; para verem e aprenderem as Leis
destes Reynos, e que poder e auctoridade tem o Direito
Canonico nelles; porque naõ he possivel os nossos Jurisconsultos, ainda que doutissimos, sendo educados na
Universidade de Coimbra, possaõ julgar nesta materia.

Que estes dois Collegios ou Escolas ficariaõ establecidas no lugar que parecesse o mais conveniente a sua
destinaçaõ; que naõ deviaõ ficar na mesma cidade,
onde ficassse a Universidade de Theologia e Direito
Canonico, por evitar muitas contendas que se levan-
tariaõ indispensavelmente pelo concurso dos Estudos
Ecclesiasticos e Seculares, regrados taõ differentemente.

As rendas e os emolumentos da Universidade de
Coimbra saõ taõ consideraveis, que ficaõ cada anno
em deposito muitos mil cruzados. Se forem adminis-
tradas com intelligencia e integridade, se a agricultura
se augmentar, e se se der a providencia que se sustente
o Reyno unicamente das suas produçoens, seraõ muito
mais consideraveis, e seraõ bastantes não somente as
duas Escolas Mayores, mas de conservalas com o mayor
lustre, e igual utilidade do Reyno.

Bem se poderaõ prever os obstaculos que opporaõ os Ecclesiasticos com a Corte de Roma, que estes bens da Universidade actual, sendo pela mayor parte Ecclesiasticos, que naõ poderaõ ser applicados a fundar e manter Collegios Seculares, onde os Lentes seráo forçosamente cazados. Mas como ja os Papas permitiraõ que a Faculdade de Medicina fosse sustentada com os mesmos bens, naõ obstante ser toda secular, bem poderaõ as mais sciencias gozar da mesma approvaçaõ e consentimento: alem que sendo os bens Ecclesiasticos destinados para sustentar e manter a Igreja, e os pobres, e para educar a Mocidade, com tanta justiça, como para resgatar os Escravos; e por final razaõ que a conservaçaõ do Estado he a principal Ley; e nenhuã couza poderá conservar mais efficasmente do que a boa Educaçaõ da Mocidade.

Nestas duas Escolas Mayores ou Collegios, que daqui por diante chamaremos o da *Physica e da Legislaçam*, deviao viver os Lentes com suas familias, porque todos deviaõ ser cazados, juntamente com *quinze até vinte* Discipulos internos, ou mayor numero, conforme se achassem os rendimentos, todos sustentados e entretidos a custa Real; e acabados os seos Estudos, alguns daquelles mais capazes deviaõ viajar, e ir aprender nas mais celebres Universidades da Europa, com instruçoens e occupaçaõ semelhantes a aquelles que insinuei assima quando fallei das Escolas Latinas; de tal modo que de cada Escola Mayor estivesse sempre viajando e aprendendo *quatro* de seos Discipulos.

Quando tratar do methodo de ensinar e de aprender a Medecina, então entrarei na obrigaçaõ e no exercicio dos Lentes e dos Estudantes tanto internos como externos, como dos seos gráos, ou Licença Real, para exercitarem as Sciencias que aprenderaõ; e nessa consideraçaõ he que agora supprimirei o que parecia aqui necessario.

§.

Sobre o ensino que deve preceder as Escolas Mayores, quer dizer, da Physica e da Legislaçam

Parece necessario que fiquem informados todos aquelles, que tiverem a Educaçaõ da Mocidade a seu cargo, daquelles estudos intermedios que precedem as sciencias das escolas mayores. Atégora se ensinaõ em certos Collegios, e vinhaõ a ser aquella Philosophia Barbara das Escolas, com o nome de Logica, Physica, Metaphysica, nas quais perdiaõ o tempo de tres ou quatro annos. Agora mostraremos quais devem ser estes estudos.

De cinco modos illustramos o nosso entendimento, o primeyro he pela *Observaçam,* que he aquella percepção ou conhecimento das couzas que occorrem na vida ordinaria, ou estas couzas sejaõ intellectuais, ou sejaõ das pessoas, ou das couzas materiais, ou de nos mesmos.

O segundo he pela *Liçam;* pela qual illustramos o nosso entendimento com que os nossos Mayores aprenderaõ e experimentáraõ, como se nos valessemos das riquezas que ajuntáraõ nossos antepassados.

O terceyro, pelo *Ensino* dos Mestres de viva vóz, e naõ por postilas, nem themas, explicando o que deve inculcar no animo dos discipulos, perguntando, orando, ás vezes, e arguindo, não por sillogismos, mas em forma do dialogo.

O quarto pela *Conversaçam*, na qual aprendemos o que outros sabem: promovemos as forças do nosso entendimento, imitando sem nos apercebermos o judiciozo, que ouvimos e que admiramos; e com agrado e amor da Sociedade transformamos o nosso entendimento, naquelle com quem tratamos.

O quinto pela *Meditaçam*, lendo, escrevendo ou meditando: Neste ultimo se encerraõ todos os quatro modos assima: e este ultimo he a chave de todos os referidos: sem reflexaõ, sem hũa attençaõ madura do que sabemos, nenhũa acção seria regular, nenhũa operaçaõ da alma seria sem defeito.

Deviamos cultivar a memoria naquella edade, quando he mais vigorosa, pela observação, lectura, ensino e conversação. A historia seria o primeiro ensino: e como resulta hum particular gosto saber quando succedeo tal cousa, e em que *lugar*, d'aqui vem necessidade de estudar a *Geographia* e a *Chronologia*.

Mas esta historia não se ha de incluir a quantos Reis teve hũa Monarchia; quantas vezes foi conquistada, e quantos Reynos conquistou. Na historia se incluem o conhecimento das couzas naturais, que contem aquella obra de Plinio Segundo: entramos em hum Cabinete de Couzas Náturais: ali notamos o globo terrestre e o celeste: ali notamos os systemas planetarios onde se veem o sitio onde existe o sol, os planetas e a terra, o lugar das estrellas fixas e o zodiaco; ali vemos de que modo se movem e em que lugar os vemos; deste modo com a explicaçaõ de um intelligente Mestre terá o Me-

11

nino hũa idea clara, o que he a *Geographia* e a *Astronomia*.

Neste Cabinete vemos as Aves, os Peyxes, os Animais, os Insectos, as Arvores, e as Plantas da Affrica, da Asia e da America; e pela mesma separaçáo vamos notando os Minerais, as Pedras, os marmores, as Pedras preciosas, os Sais, os Bitumes, os Balsamos, e as differentes terras e barros; esta he a *Historia Natural*, e como he taõ natural saber para que servem estas produçoens da *Natureza*, o Mestre lhes dirá as propriedades e seu uso na Medicina e nas artes mechanicas e liberais.

Lá em hum lugar separado e espaciozo, vé hũa Pompa pneumatica, hum Telescopio, hum Microscopio, hum prisma, hum modelo de hum moinho de vento, hum Relogio: mostra o Mestre o uzo destes instrumentos, e de outros mais ou menos complicados; ali adquirirá o Discipulo as primeiras idéas das propriedades dos Elementos, da *Optica*, das *Mechanicas* e da *Statica:* a curiozidade que he taõ natural á puericia dotada de boa indole, o incitará a perguntar a cauza d'aquelles effeitos, que ve obrar por aquelles instrumentos, e ficará informado a não ter por milagres o que são effeitos da natureza; ficará informado daquelles primeiros conhecimentos, que lhe serviraõ por toda a vida em qualquer estado que a fortuna o puzer na Sociedade Civil.

Mas naõ basta para a vida civil ter a memoria enriquecida destes conhecimentos da Historia Sagrada, Profana, Fabuloza e Natural; necessitamos para ser exactos *pezarmos*, *midirmos* e *contarmos* tudo aquillo que temos adquirido pela *observaçam, lectura* e *ensino,* &. A *Arithmetica, Algebra, Geometria, Trigonometria plana,* saõ necessarias para medirmos as *alturas,* os *comprimentos,* as *distancias* e as *profundidades.* Alem desta utilidade, tem estas Sciencias outro bem necessario á Mocidade: ellas costumaõ a serem attentivos e exactos no que fazem, a naõ crer de leve, a ficar convencido pela sùa razaõ; instigaõ a seguir e indagar o que he evidente, ou pelo menos certo, e a descansar, quando se achou a verdade.

Falta ainda a este ensino aquella arte de *dizer* e *representar, por palavras, e pela escriptura,* o que queremos que outros saibam, e fiquem persuadidos, tanto pela arte de excitar as payxoens da alma, como pela perspicuidade, elegancia e urbanidade do discurso.

Esta arte de saber dizer ensina a *Rhetorica* em Prosa; e em verso a *Poesia.* Duvidáraõ alguns Mestres da Educação se a Poesia devia entrar no seu ensino: as razoens seguintes saõ em seu favor. Todos os homens se determinaõ a afrontar os mayores perigos e os mayores trabalhos, pela esperança, que tem de descançarem e viverem felizes: alem disso sem repouzo, naõ pode haver trabalho, nem fadiga por muito tempo; evitariaõ os homens muitas desgraças se no tempo do descanso, do repouzo e da tranquilidade, pudessem viver consigo. Quem foi bem instruido na Mocidade, na historia e na lectura dos bons Poetas, tem esta vantagem sobre os homens ordinarios, que podem estar sós, e divertirem-se sem companhia; porque augmentaõ a sua felicidade com o que pensaõ, ou com a lectura em que foraõ educados; divertese a fantasia; o juizo

aproveita, e fortificase a virtude: e deste modo evitaõ
mil disgostos, mil desordens, que succedem no curso
da vida por naõ poder estar só hum instante, como
vemos fazem aquelles que naõ tiveraõ huma educaçaõ
ingenua, e que vivem pela vontade, e pelo parecer dos
outros: o que Horacio (1) pinta com tanta vivacidade
e elegancia. E por esta razão mostrei eu a necessidade
que tinhaõ as Escolas Portuguezas de adoptar o Poema
de Camoens, para educar a Mocidade, como se poderá
ver no Prefacio da ultima ediçaõ feita em Paris. Entraõ
nestes estudos intermedios a Logica e a Metaphysica;
porque o seu objecto he de discorrer com methodo e
ordem; ter uma idea clara tanto das palavras e das
couzas, distinguindo e separando o que nellas ha de
commum com as outras, e de particular; estas duas
partes da Philosophia se reduzem a ter methodo e
ordem em tudo que se diz e escreve. Naõ se entende
aqui por Logica e Metaphysica, aquella das Escolas;
ja se tem por absurdo gastar tres annos em aprendellas.
A Logica e a Metaphysica hoje explicadas por hum
bom Mestre he estudo de quatro meses, se se expli-
carem os Compendios que destas sciencias se tem escrito em muitas partes da Europa.

A Physica exprimental entra na mesma classe; e

---

(1) . . . . *Adde quod idem*
Non horam tecum esse potes, non otia recte
Ponere, teque ipsum vitas fugitivus, & erro;
Jam vino quærens, jam somno fallere curam.
Frustra; nam comes atra premit, sequiturque fugacem.

II. Sertn. 7, vers. III.

como ja temos na nossa Lingoa a obra intitulada, *Recreaçam Philosophica,* naõ necessito de nomear o seu objecto.

Estes saõ os conhecimentos preliminarios, para entrar nas Escolas mayores; e ja estou ouvindo que tantas sciencias confundiraõ o animo dos meninos e rapazes, que ou ficaraõ estupidos, ou que tudo que aprenderaõ será taõ superficialmente, que toda esta instruçaõ lhe venha a ser inutil. Mas Quintiliano ja respondeo a esta difficuldade, e o nosso Martinho de Mendonça, nos seos *Appontamentos para a Educaçam de hum Menino Nobre,* livro tantas vezes citado: a difficuldade naõ está na capacidade dos meninos; toda ella residirá nos Mestres; e se dissipára, se souberem ensinar com methodo e com ordem; explicando de viva vós hum compendio de cada sciencia que ensinarem; pondo diante dos olhos, humas vezes em mappas, outras em taboas chronologicas, outras em modelos e instrumentos, e com a inspecçaõ das mesmas couzas que ensinarem; deste modo pergunta(n)do, capacitando o auditorio, e ficando elle mesmo inteirado que comprehendem, adiantará o seu ensino.

Este modo de ensinar explicando de viva vós, e perguntando pelo compendio ou compendios da sciencia que aprendem os ouvintes, he o mais efficaz, para comprehenderem huma materia inteira. Se estivessemos dentro da salla de hum palacio, naõ veriamos mais que os objectos, onde se terminava a vista: mas naõ teriamos nenhuma ideia da sua grandeza, da sua proporçaõ, da sua elevaçaõ; mas se estivessemos fora, postos a huma certa distancia, e em tal sitio que descubrissemos o frontispicio, a sua elevaçaõ, contemplando as proporçoens entre o corpo do palacio e das mais partes, entaõ he que podiamos formar juizo da sua grandeza, utilidade e magestade; naõ saberiamos aquellas miudezas da distribuiçaõ dos aposentos, da claridade das gallarias, mas o juizo que formariamos de todo elle, seria superior ao conhecimento acanhado que teriamos, ficando dentro.

Assim para compreender á primeira vista huma sciencia, he necessario ver somente as suas principaes partes: explique o Mestre o que faltar naquella inspeçaõ que o discipulo observa; e deste modo se evitará aquella confusaõ que se teme. Fallo com experiencia: hum Menino pode por dia tomar quatro liçoens de materias differentes com summa utilidade da sua educaçaõ.

§.

Em que lugar se haviam de ensinar
as sciencias referidas

Os Grammaticos Gregos e Romanos ensinavaõ na mesma Escola as sciencias assima: he verdade que naõ tinhaõ tanta difficuldade, como nos temos, para aprender as Lingoas em que estaõ as sciencias escritas; porque posto que os Romanos aprendessem a Grega, mais a aprendiaõ pelo exercicio, havendo tantos Gregos misturados com os Romanos, que por regras e Diccionarios. Para evitar muita desordem, gastos, bulhas litterarias, e para proveito da Educaçaõ da Mocidade, seria mui acertado que nas mesmas Escolas Reaes, onde se aprendem a Lingoa Latina, Grega e a Rhetorica, se aprendessem as sciencias referidas, que saõ como ja disse a *Historia Profana e Sagrada, a Fabulosa,* com a *Natural, a Geographia, Chronologia, Astronomia,* a *Arithmetica, Algebra, Trigonometria, Logica, Metaphysica,* e a *Physica Experimental.*

Estas sciencias intermedias ou preparatorias, para se matricularem os estudantes nas Escolas Mayores, ou Universidade Real, podiaõ ensinarse nas tres Escolas Reaes do Latim e do Grego, establecidas pelo Alvará de sua Magestade, em Coimbra, Lisboa e Evora, para ficarem no lugar daquellas onde se aprendia a Philosophia Escolastica.

Nas mais Escolas do Reyno establecidas nas Cabeças das Comarcas, bastaria o ensino alem das Lingoas Latina e Grega, os Principios da Philosophia Moral, a Rhetorica, a Historia e a Geographia.

Convem ao Estado que todo o Estudante que aprender Latim e Grego, fique instruido das obrigaçoens de Christaõ e de Cidadaõ, que fique instruido na Historia e na Geographia, que entenda a Poesia, e que saiba escrever ou na Lingoa Latina, ou na sua, com elegancia e propriedade: porque o Estado naõ somente tem necessidade de Letrados, Jurisconsultos e Medicos, mas taõbem de *Secretarios,* de *Notarios publicos,* de *Intendentes,* de *Conselheyros* e *Assessores,* nos Tribunaes ou Collegios que devem governar a economia politica e civil do Reyno. Tanto mais instruidos sahirem estes Estudantes das Escolas referidas, tanto melhor exercitaraõ os cargos em que seraõ empregados, e occuparaõ o tempo do descanço com mayor utilidade e satisfaçaõ. Todo o ponto está que haja Mestres taõ capazes, que saibaõ plantar no animo dos Discipulos destas Escolas as sementes destas sciencias. Elles mesmos faraõ crecer estes principios pela sua applicaçaõ, levados do gosto que cauzaõ, quando se comprehendéraõ clara ou distinctamente.

Se eu naõ fosse obrigado, Illustrissimo Senhor, tratar do Methodo de ensinar e aprender a Medicina em obra separada, havia de tratar aqui das Escolas Mayores ou da Universidade, onde se deve ensinar a Jurisprudencia universal, e a Medicina, a sua forma, o lugar onde se estableceria, o que nella se devia ensinar com especialidade, e com que gráos Academicos seriaõ decorados os que tinhaõ estudado com applauzo, etc. Mas como tratarei da Medicina especialmente, entaõ he que tratarei da forma dos Estudos da Jurisprudencia; e occuparei agora aquelle espaço com materia, poderá ser, igualmente util para o serviço da patria que he tratar da Educaçaõ da Mocidade Nobre.

§.

Da Educaçam da Fidalguia e dos Fidalgos, que tem Assentamento e Foro na Caza Real

Vimos assima que desde o anno de 1500 até o anno de 1570, existio o mayor luxo que jamais vio Portugal. El Rey Dom Manoel o introduzio na Corte, e foi o primeiro que se vestio humas vezes á Franceza e outras á Flamenga; como naõ teve guerra na Europa nem seu Filho, nem seu Bisneto el Rey Dom Sebastiaõ, com as riquezas do Oriente cahio a Fidalguia no mayor luxo, e por consequencia naquelle total esquecimento da boa educaçaõ, que tinha ou no Paço dos Reis antigos, ou em caza de seos Pays. No tempo del Rey Dom Pedro o Justiceyro, tanto que se sabia no Paço tinha nascido algum filho a algum Fidalgo, mandava logo el Rey a sua caza a provisaõ da moradia ou foro, que deyxava em poder da May ou da Ama que criava o Menino; e nestes tempos se chamavaõ os Reys Pays de seos Vassallos (1). Depois crescendo o numero, se ordenou que somente se uzasse desta graça, com o primogenito; e desta resoluçaõ, veyo a descahir aquelle amor da patria, porque faltou a boa educaçaõ, que tinhaõ no Paço todos os filhos dos Fidalgos com moradia.

No tempo del Rey Dom Joaõ o Segundo, lhe representáraõ em Cortes, que ordenasse se criassem os Fidalgos no Paço, como era costume antigamente: sinal certo que se educava ali a primeira Mocidade do Reyno. Ja dissemos assima que a educaçaõ da Nobreza toda se reduzia a fazer o corpo robusto e fortissimo, o animo ouzado e destemido; alem daquelle agrado que reynava no galanteo e serviço das Senhoras, naõ deyxavaõ de instruir o animo com aquelles poucos conhecimentos scientificos que se conheciaõ: somente na familia do Infante Dom Henrique foi esta educação mais consideravel, porque sahiraõ muitos do Paço daquelle famozo Principe, excellentemente instruidos nas Mathematicas e boas letras, como foi o Grande Albuquerque e Dom João de Castro.

---

(1) Manoel de Sousa Faria, *Europa Portugueza*, Tom. III, Part. IV, cap. I, Pag. 215.

«El Rey Dom Manoel, como refere Alvaro Ferreyra de Vera (1), aperfeiçoou os estados dos Ricos Homens e Infançoens, e deu a cada hum em sua Caza Real o lugar que por sua qualidade merecia, fazendo tres sortes de gente. No primeiro lugar pôz os Ricos Homens; no segundo os Infançoens; no terceyro os Plebeos, com esta distinçaõ na moradia: aos Filhos dos Ricos Homens tomou por *Moços Fidalgos com mil reis* de Fôro (2) cada mes, e alqueyre e meyo de cevada por dia; «e daqui os acrescentava a *Fidalgos Cavalleyros*, sobindolhe a moradia té *quatro mil reis*, o que era despois de serem armados Cavalleyros, por algum feito

_____

(1) *Origem da Nobreza politica.* Lisboa 1631, 4.º, cap. 2, pag. 3.

(2) O marco de prata valia, no tempo del Rey Dom Manoel, 2340 reis e como os Fidalgos Cavalleyros tinhaõ da sua moradia 4.000 reis por mes, e por anno 48.000 reis, e que o marco de prata amoedado vale hoje 6.000 reis, os 48.000 reis daquelle tempo valem hoje 91.920 reis, e como taõbem recebiaõ alqueyre e meyo de cevada por dia, contando somente a 120 reis por alqueyre, valiaõ no tempo presente 63.240 reis, que juntos com os 91.920 reis assima, fazia toda a soma 155.160 reis. E como taõbem os Cavalleyros Fidalgos tinhaõ moradia que chegava a 1.500 reis por mes, e por anno 18.000 reis, com tres quartas de cevada, regulada por anno taõbem a 120 reis por alqueyre, valiaõ pelo preço de hoje 32.400; e como os 18.000 naquelle tempo, estando o marco de prata a 2.340 reis, e hoje a 6.000 reis, valem hoje a soma de 61.920 reis, que juntos aos 32.400 de cevada, faziaõ 94.320 reis. Ajuntando agora estas duas moradias de Fidalgo Cavalleyro e de Cavalleyro Fidalgo em huma soma e repartindoas, acharseha que cada huma destas moradias vale hoje a soma de 124.740 reis, soma sufficiente para sustentar e educar em huma Escola Militar hum Moço Fidalgo.

honrozo que faziaõ na guerra. Aos Filhos dos *Infan-*
çoens tomou por *Moços da Camara*, com *quatrocentos*
e seis reis; e tres quartas de cevada por dia: e da
mesma maneira lhes acrescentava a moradia, que a
mayor subia té *mil e quinhentos reis* com o titulo de
Cavalleyro Fidalgo, a que hoje muitos não querem
subir por ficar antes no foro de moços do serviço, pelas
mays entradas que tem na casa e serviço do seu Rey.»

. . . .

«Os Plebeos taõbem admittio no seu serviço, to-
mando-os por moços da Estribeira; e daqui os acrescentava a Escudeyros e Cavalleyros razos (que he Cavalleyros sem Nobreza), e os que queria, que gozassem
de alguns Privilegios se chamavaõ Cavalleyros con-
firmados: no que havia muita ordem».

Quem quizer saber o que he a Nobreza Natural e
Politica, como se adquire e como se perde, e outras
mais propriedades, que tem a origem dos titulos em
Portugal, poderá ler este excellente Autor, esquecido
nos nossos tempos, e que merecia ser conhecido de
todos os Nobres Portuguezes, para saberem as suas
obrigaçoens. Vejase taõbem *Noticias de Portugal* de
Manoel Severim de Faria, Discurso III, e o *Prologo ás*
Memorias Historicas e Genealogicas dos Grandes de
Portugal por Antonio Caetano de Sousa. Lisboa 1742.

Do referido se collige que os Reys de Portugal sempre
tiveraõ especial cuidado da Educaçaõ da Fidalguia, e
que dahi veyo chamaremse *creados* de caza Real, es-
tendendose este nome por corrupçaõ aos que servem.
Em quanto houve guerras continuadas, em quanto tinhaõ
necessidade da Fidalguia, para guerrear e conquistar,

sempre houve a Educaçaõ no Paço: acabouse aquella urgente necessidade, e achou el Rey Dom Manoel a proposito de desobrigarse da Educaçaõ, e de pagarlhe huma certa quantià, como vimos assima, para serem educados em caza de seos Pays. Em quanto se continuáraõ as Conquistas da India, e a florecente navegaçaõ, empregavaõ-se neste serviço os Fidalgos, e naõ se apercebia o Estado da falta da Educaçaõ no Paço: mas no tempo del Rey Dom Joaõ o Terceyro acabou a Conquista da Affrica, e da India; ja naõ havia mais guerra, que para conservar o conquistado: e como as riquezas eraõ immensas, introduziose o luxo na Fidalguia, e ja se apercebia o Estado da falta da sua Educaçaõ, porque foi o mayor que se conheceo na Europa.

A constituiçaõ Gothica do Reyno, determinava a Fidalguia serem guerreyros forçozamente no tempo da guerra; e acabada ella ficarem nas suas terras, e cuidarem da agricultura; naõ tinhaõ outro intento no tempo da paz que conservarse vivendo do producto das suas terras; naõ cultivavaõ para vender nem comerciar com os fructos; e deste costume vieraõ as nossas Leis das Ordenaçoens, que defendem fazer comercio com os graõs, vinho e azeite.

Mas tanto que os Reys tiveraõ mays que dar que as terras da Coroa; tanto que tiveraõ Commendas, Governos e Cargos lucrativos, tanto nas Conquistas, como no Reyno, logo os Fidalgos começaraõ a cercar os Reys, e ficarem na Corte; porque pela adulaçaõ, pelo agrado, e pelas artes dos Cortesoens sabiaõ ganhar as vontades dos Reys, naõ tendo aquellas occasioens forçozas de obrarem acçoens illustres para serem premiados por

ellas. Isto vemos succedeo no tempo del Rey
D. Duarte, quando ordenou que todo o Fidalgo que naõ
tivesse Cargo na Corte, que fosse a viver nas suas
terras.

Logo que todos os Fidalgos fixaraõ a sua assistencia
na Corte no tempo da paz, logo que seos filhos eraõ
educados em suas cazas, ja ricas e poderosas pelas
dadivas dos Reys em Commendas, Pensoens, Governos
e Cargos, necessariamente se havia de seguir huma
educaçaõ estragada, a Meninice entregada na maõ das
amas e de mulheres commuas, a puericia entre as maõs
dos Criados e dos Escravos; até o tempo del Rey
D. Sebastiaõ poucos sabiaõ mais que ler e escrever;
porque ja a Escola do Infante Dom Henrique estava
acabada; e toda a educaçaõ se reduzia a saber os Mysterios da Fé, porque os seos Mestres sendo Ecclesiasticos e ignorantes da obrigação de Subdito, de Filho e
de Marido, chegavaõ á idade da adolescencia com o
animo depravado, sem humanidade, porque naõ conheciaõ igual; sem subordinaçaõ, porque eraõ educados
por escravas e escravos; ficava aquelle animo possuido
de soberba, vangloria, sem conhecimento da vida civil,
nem com a minima idea do bem commum: assim de-
generou aquella educaçaõ do Paço na qual pelo menos
aprendiaõ a obedecer, na mais insolente tyrania de
todos aquelles com quem tratavaõ.

A questaõ agora he somente, se será do Real agrado
de S. Magestade continuar nesta piedosa e utilissima
intençaõ, e no cazo que assim determinasse, ficava a
saber que sorte de educaçaõ convinha á Fidalguia exis-
tente? em que lugar devia ser educada? e quais deviaõ

ser os Mestres? Discutirei estes tres pontos com a clareza que me for possivel.

§.

*Que sorte de Educaçam convem á Fidalguia Portugueza, que seja util a si
e á sua Patria?*

Quem melhor conhecer a Constituição do Estado de Portugal actual, resolveria melhor esta importante questaõ. Tanto quanto eu pude alcansar, por informaçaõ e por lectura, acho que he Reyno pelo seu sitio, entre tres Mares, nos quaes navega o comercio de todo o mundo, totalmente maritimo; bordado, pela sua mayor parte, do Mar Oceano com oito portos navigaveis, ainda que alguns damnificados, e que com custo e trabalho podiaõ ser restaurados; que tem Ilhas e Continentes vastissimos e riquissimos nas tres partes do mundo conhecidas. Que por Tratados e Allianças de Comercio e boa amizade está ligado com muitas Potencias; humas que o podem offender por mar, e huma só por terra.

Estes limitados conhecimentos determinaraõ logo a quem pensar na conservaçaõ da nossa Monarchia, que necessita de Officiais de Mar e Terra; isto he, de hum exercito, e de hũa frota. He certo que só entre a Nobreza se achaõ as pessoas mais aptas para exercitar estes Cargos; e naõ necessito aqui de amontoar lugares communs para provar o que todos sabem por experiencia. Mas ao mesmo tempo todos assentaraõ que a Educaçaõ que se deve dar á Nobreza e á Fidalguia

Portugueza, deve proporcionar-se á necessidade e ao estado actual da sua patria.

Antes que se usasse da polvora, e que se fortificassem as Prazas pelas Leis da Geometria e Trigonometria, naõ necessitava o General do exercicio das Mathematicas, e de alguás partes da Physica: a força, o animo ouzado e a valentia ja naõ saõ bastantes para vencer, como quando faziamos a guerra expulsando os Mouros da patria. A Arte da guerra hoje he sciencia fundada em principios que se aprendem e devem aprender, antes que se veja o inimigo: necessita de estudo, de applicaçaõ, de attençaõ e reflexaõ; que o Guerreyro tome a penna e saiba taõbem calcular e escrever, como he obrigado combater com a espada e com o espontaõ: o verdadeyro Guerreyro he hoje hum misto de homem de letras e de soldado. Deste modo adquirio nos nossos tempos immortal fama o Marechal de Saxe, e por este caminho vai com igual gloria el Rey da Prussia.

Mas hum Almirante, ou hum Capitaõ de Mar e Guerra naõ somente deve ter toda a instruçaõ de que necessita hum General, mas ainda aquella de mandar no mar: naõ somente necessita da instruçaõ das Mathematicas, Astronomia e Sciencia Nautica, mas de muitos e muitos conhecimentos politicos para comprir os seos importantes Cargos. Deste modo necessitaõ os que haõ de governar hum Regimento, ou hum Exercito, hum Navio de Guerra, ou huma armada, ter tal educaçaõ, que sejaõ capazes de obrarem acçoens illustres, e de as escrever, como fez Xenophonte, Cesar, e o Marechal de Saxe nos nossos tempos, e outros muitos dignos destes importantes Cargos.

No tempo de Philippe Quarto presentáraõ ao Conde Duque de Olivares hum retrato do Estado Politico de Castella, e das Cauzas da sua decadencia (1): e huma das principais que allega, se reduz á seguinte discussaõ; que a Cauza da decadencia daquella Monarchia foi que o valor e a força naõ fora conduzida nem ajudada pela sciencia, nem pela arte; que confiandosse na riqueza da Monarchia, que desprezáraõ os Tratados de Allianças: e que nas Embayxadas empregavaõ os Senhores mais authorizados e ricos, sem attençaõ alguma da sua capacidade; que tomavaõ por Secretarios aquelles homens que estavaõ de antes ao seu serviço, ou debayxo da sua protecçaõ, sem dependencia alguma da Corte, e ignorantes dos negocios politicos; que deste modo, tudo o que se tratou com as Potencias Estrangeyras, foi com prejuizo do Reyno, como se experimenta nos Tratados de paz, e de comercio, e nos regramentos dos Correyos, e outras estipulaçoens publicas: que semelhantes Secretarios deviaõ ser educados conforme pedia o seu emprego; porque estes saõ aquelles que póem em ordem os despachos, e tudo aquillo que o Embayxador ou o Enviado considera ou nota ser necessario sahir da Secretaria; e que do bem ordenado, ou bem escrito, he que depende mui frequentemente o feliz successo.

O Duque de Lorena, Generalissimo dos Exercitos do

___

(1) Indisposizione generalle della Monarchia di Spagna, sue cause e remedi. Esta representaçaõ se le no fim da *Historia della Desunione del Regno di Portogallo dalla Corona di Castiglia,* dal Dottore Gio. Bapt. Birago. Amsterdam, 1647, 8.º

Emperador Leopoldo (1), reprezentou a este Monarcha que naõ podia subsistir aquelle Imperio por falta da Educaçaõ da Nobreza, sendo incapaz de servir os Cargos publicos, ou na guerra ou em tempo de paz; e que para occorrer á total ruina do Estado, que propunha huma Escola que se devia erigir a propozito para satisfazer esta necessidade.

O Historiador Conestagio (2) relatando a desordem e a pobreza em que estava o Reyno antes da infeliz expedição del Rey Dom Sebastião para Affrica, diz que nunca Portugal fora taõ feliz, que tivesse hum homem dotado de tanta capacidade e intelligencia que soubesse governar as rendas Reais: porque o Cargo de Veador da fazenda se dava sempre por favor, e para gratificar os Cortezaõs, sem attenderem a nenhum merecimento; e por essa cauza, não havendo nem cuidado, nem conhecimento daquelle emprego, que todos os rendimentos se gastavaõ nos sallarios dos Ministros, nos dos Magistrados, e dos Governadores; que o Estado estava taõ pobre que os Ecclesiasticos pagáraõ entaõ cento e cincoenta mil ducados; e os Christaõs novos duzentos e vinte cinco mil, com promessa que se fossem prezos pela Inquisiçaõ que não seriaõ os seos bens confiscados.

Do referido se ve a necessidade que tem o Reyno da

___

(1) *Testament Poliitique*, da Ediçaõ de Leipsic, e naõ daquella de Paris 175... (sic).

(2) Hieron. Conestagii (alguns dizem que Joaõ da Silva Conde de Portalegre fora o A. verdadeyro desta Historia) de Portugalliae & Castellae Conjunctione, Tom II, *Hispan. Illustrat.* Traduçaõ da Lingoa Italiana na Latina, page 1066 & 1070.

12

Educaçaõ da Fidalguia, não só nas letras humanas, mas taõbem na Politica e nas Mathematicas, para servir a sua patria, nos cargos da guerra, e nos da paz; e que por faltar semelhante Educaçaõ, chegaraõ tantas Monarchias na Europa áquella decadencia desde o anno de 1500, que parece impossivel relevarse, se não se reformar esta omissaõ taõ consideravel.

§.

Continua a mesma Materia. Em que lugar devia ser educada a Fidalguia e Nobreza de Portugal

Todos reprovaraõ o ensino da Mocidade, que vive em caza de seos Pays, e que vaõ duas vezes por dia a aprender nas Escolas publicas. Ja vimos assima que este modo de aprender he o mais prejudicial; e como he notorio a cada hum, que aprendeo assim, este dano, naõ necessito outra vez repetir o que mostrei assima.

Milhares de tratados se tem impresso da Educaçaõ domestica, e o mais excellente, a meu ver, he o de Martinho de Mendoça e Pina, que citei assima: esta educaçaõ pode fazer hum rapaz hum pio Christaõ; poderá ser instruido naquelles conhecimentos que dependem da simplez memoria, mas sempre lhe faltará a emulaçaõ, que eleva o juizo, para se adiantar aos seos iguais; sempre lhe faltará a imitaçaõ, pelo qual se formaõ as ideas mais completas das acçoens e das obras dos Mestres e Governadores publicos, que sempre influem no animo muito mais, do que tudo o que disser ou obrar o Mestre domestico; deste modo ficará sempre o natural destes meninos acanhado e encolhido, faltando lhe o trato e o conhecimento da vida civil; quando acabaõ aquelles estudos domesticos, ou ficaõ ignorantes, ou nos costumes da vida civil meninos, ou com o animo depravado: felicidade grande será que não fiquem estragados os costumes, pela companhia dos Criados e dos Escravos: se os Pays foraõ taõ cautelozos que evitáraõ este ordinario precipicio, cayem em outro, taõ contrario ao bem commum, como a perda dos bons costumes, a sua consciencia e a sua conservaçaõ; ficaõ estupidos, cheyos de vaidade, naõ conhocem por superior mais que seos Pays, porque não tem a minima idea da subordinaçaõ que deve ter como Subdito e como Christaõ.

D'esta origem provem que a Nobreza e Fidalguia he hoje empregada nos cargos e nos governos, quando chega áquella idade, onde começaõ a descahir as forças, e a constituiçaõ com achaques. Na idade de quinze ou vinte annos, como a sua educaçaõ foi domestica, tem da vida civil tanto conhecimento como hum menino: entra, como dizem, no mundo; e á sua custa, e por muitos annos adquirio algũa experiencia, e essa lhe serve de toda a instruçaõ para servir a sua patria: mas não he conhecida a sua capacidade, que da idade de quarenta annos; entaõ he que o Soberano o emprega nos cargos publicos, e ás vezes de idade mais crescida; mas nesta idade ou as forças começaõ a enfraquecer ou a constituiçaõ; daqui he que os Estados hoje onde a Criaçaõ he domestica se servem sempre de pessoas a quem falta aquelle vigor, altives, ambíçaõ, e animo da adolescencia e da idade viril.

Admiramonos hoje quando lemos que Pompeo e
Scipião Affricano commandavaõ exercitos de idade de
vinte e hum annos; e que os Romanos dessem os
Cargos de Questor, de Pretor, de Proconsul á Mocidade da Nobreza Romana; mas o que mais deviamos
admirar he que naquella primeira idade obravaõ acçoens
taõ illustres, que se observaõ na historia: na verdade
que de vinte e cinco annos, até trinta ou quarenta, está
o corpo mais apto para obrar as mais elevadas acçoens;
e por isso me parece, quando comparo a Republica
Romana com os Reynos dos nossos tempos, que nestes,
aquelles que os servem, todos saõ velhos e decrepitos,
e que naquella Republica todos eraõ Varoens nas armas
e velhos no Concelho.

Mas se quizermos saber a cauza desta immensa
desigualdade, inquiramos a Educaçaõ da Nobreza Romana, e logo parará a nossa admiraçaõ. O seu ensino,
no tempo da puericia, se reduzia a Philosophia Moral
e trato da vida, que lhes ensinavaõ os Philosophos;
mas esta instruçaõ era practica; entravaõ no Senado
com seos Pays ou Tutores, como ouvintes; ali ouviaõ
practicar o que aprendiaõ em caza; de tal modo que
hum Menino da idade de desasete annos estava instruido
na eloquencia, na arte de saber escrever, porque sabia
fallar, nas Leis Patrias, no Sacerdocio, nas Leis Civis
e Politicas, que pela practica aprendiaõ; e vendo diante
de si aquelles Senadores, hum que tinha triumphado,
outro que tinha ganhado hum Reyno, outro que tinha
decretado leis como Consul, enchiase o coraçaõ daquelles
illustres objectos, para imitar aquellas acçoens ordenando, mandando e obrando. Assim vemos que Cesar

de desasete annos orava com tanto applauso, que entrou
no cargo do Sacerdocio. Lemos a Educaçaõ de Marco
Aurelio Emperador, que elle mesmo relata logo no principio das suas obras, que saõ os pensamentos da sua vida.

Nos nossos tempos el Rey de Danamarca ordenou
que em cada Tribunal assistisse hum certo numero de
Moços Nobres, somente para serem ouvintes, e para
aprenderem ali pella practica as Leis Patrias, e o que
he a vida Civil; os Magistrados tem poder de lhes fazerem perguntas de tempo em tempo para obrigar esta
Mocidade a attenderem ao que ouvem. O mayor proveito que retiraria o Estado desta Educaçaõ, seria que
pensasse e que reflectisse maduramente, e que naõ
passasse a vida naquella variedade, e encadeamento de
divertimentos, caças, jogos, dansas, bayles e outros semelhantes. Nenhũa couza poderia fixar a volatilidade
daquella idade, do que destinala, logo que estivesse
instruida, a assistir nos Tribunaes como ouvintes, e de
responderem por escrito ou de palavra, quando fossem
perguntados pellos Magistrados: alem de que lhes naõ
ficaria tanto tempo para empregar naquella vida aérea,
se costumariaõ a pensar e a reflectir, que he a mayor
difficuldade que se encontra naquella idade, e o mayor
bem que se pode alcançar na sua educaçaõ.

Sem que eu o diga, todos veraõ que se se tomarem
taes meyos com esta mocidade, que poderá ser empregada nos cargos e postos do Estado, de idade de vinte,
e de vinte e cinco annos, e que evitaria o Reyno ser
servido, ou por velhos, ou por achacados nos cargos
que necessitaõ vigiar, andar a Cavallo, navegar, inquirir, ver, observar, e despachar.

Pareceme que vistos os notaveis inconvenientes da Educaçaõ domestica, e das Escolas ordinarias, que naõ fica outro modo para educar a Nobreza e a Fidalguia, do que aprender em Sociedade, ou em Collegios; e como naõ he couza nova hoje em Europa esta sorte de ensino, com o titulo de *Corpo de Cadetes*, ou Escola Militar, ou Collegio dos Nobres, atrevome a propor á minha Patria esta sorte de Collegios, naõ somente pella summa utilidade que tirará desta Educaçaõ a Nobreza, mas sobre tudo, o Estado e todo o povo.

§.

O que sam as Escolas Militares .

He huma Escola Militar hum Corpo de Guarda, onde os Soldados saõ os meninos e moços Nobres ou Fidalgos: estes saõ os que fazem as sintinellas e as rondas dentro da Escola: ali se exercitaõ na Arte Militar; e toda ella he governada por esta disciplina; e aquelle tempo que os Soldados nos Corpos de Guarda consomem a jugar, a fumar tabaco, e a zombar, occupaõ os moços Nobres destas Escolas nos estudos ingenuos, que saõ aquelles que servem para servir e mandar na sua Patria.

No anno 1731, o Feld-Marechal ou Capitaõ General Conde de Munnich no serviço do Imperio da Russia, sendo obrigado buscar Officiais Majores por toda a Europa pella falta que delles havia em Russia, propôs á Imperatriz Anna Juanowna hum Collegio Militar ou Escola para se educarem nella *quatrocentos* meninos ou moços Nobres, destinados a servir nos exercitos e nos

Cargos civis. Esta Escola se abrio naquelle tempo, e continua ainda hoje, e com tanta utilidade daquelle Imperio que desde o anno 1740, rarissimo he o Official Estrangeyro que se acha alistado no serviço daquelle Imperio.

Foi facil a este Grande General achar estudantes para entrarem naquella Escola; porque por huma ley de Pedro Primeiro, Emperador daquelle Imperio no anno 1707, todos os filhos dos Nobres chegados a idade de *treze annos* saõ obrigados virem assentar praça na Vedoria de Guerra, ou na Vedoria da Marinha, Ley que se observa ainda inviolavelmente: e tanto que huma vez está este menino matriculado naquellas vedorias naõ pode entrar em Convento algum de Frades, sem licença especial do Soberano: (porque em Russia nenhum Nobre entra no Estado de clerigo, por serem estes tirados somente das familias do povo). Por Director desta Escola ficou o mesmo Conde de Munnich, que procurou todos os Officiais Militares das tropas de Prussia, e os Mestres para as Sciencias, e Lingoas, de toda a Alemanha, e dos Cantoens Suissos.

No anno 1742 pouco mais ou menos, S. Majestade Imperial a Rainha de Hungria, ou por lembrarse do projecto do Duque de Lorena assima referido, ou pela sua alta intelligencia, instituio em Viena de Austria o Collegio Thereziano para o mesmo fim, mas mui poucos aprováraõ a Escola dos Jesuitas por Mestres, e que se admitissem nelle Pensionarios; e por esta cauza, ou pela pouca disposiçaõ, naõ se tem visto atégora daquelle magnifico instituto aquella utilidade que se esperava.

No anno 1751 se estabeleceo em Paris a Escola Real

Militar: a sua instituiçaõ he para educarse nella quinhentos Gentis homens a custa Real; os Militares saõ
os Mestres para ensinar a arte da guerra, e os seculares
Homens de Lettras as artes e as sciencias: mas como
na *Encyclopedia* impressa em Paris, se acha hũa
exacta descripçaõ desta famoza Escola no articulo *École
Militaire, tome cinquième,* naõ necessito entrar aqui em
mayor explicação; e só farei algumas observaçoens
sobre o que se podia imitar de louvavel em Portugal
desta instituição.

Em Dinamarca, em Suecia e em Prussia, se instituraõ
e conservaõ Escolas Militares Semelhantes, instituidas
depois de poucos annos; e naõ fallo da Escola Real de
Madrid, porque parece que a sua destinaçaõ naõ he
para que os seos Estudantes sirvaõ o Estado.

Parece que Portugal está hoje quazi obrigado, naõ
só a fundar huma Escola Militar, mas de preferila a
todos os establecimentos litterarios, que sustenta com
taõ excessivos gastos. O que se ensina e tem ensinado
atégora nelles, he para chegar a ser Sacerdote e Ju-
risconsulto; e como já vimos assima, naõ tem a Nobreza ensino algum para servir a sua patria, em tempos
de paz nem da guerra. Proporei aqui o que achar
mais necessario, para establecer esta Escola; e no cazo
que seja acceite o meu trabalho e o dezejo da execução,
supprirei as omissoens, que de proposito cometo por
naõ ser porlixo com a mayor exactidaõ, se me for ordenado.

§.

Propoemse huma Escola Real Portugueza,
para ser nella educada a Nobreza e a Fidalguia

ECONOMIA INTERIOR

Quando se comprehender o intento com que se propoem esta Escola, poderá ser que se louve a sorte da economia interior que ha de servir para conseguilo. He educar subditos amantes da Patria, obedientes ás Leis, e ao seu Rey; intelligentes para mandar, e virtuozos para serem uteis a si, e a todos com quem devem tratar.

Será facil conceber a quem estiver inteyrado deste intento, que esta Escola Real deve ficar affastada tanto da Corte, que nem Estudantes nem os Mestres estejaõ distrahidos pellas visitas dos parentes e amigos, e muito menos pellos divertimentos de huma capital. Seria facil acharse edificio já feito, ou dois ou tres edificios, juntos, reparados, e concertados para se establecer esta escola; deyxando para melhor occasiaõ fazer hum aproposito, ou occupar algum que prezentar o acazo.

1.º Que naõ habitaria dentro d'este edificio Governador, Mestre, ou outro qualquer empregado no serviço desta Escola, sem *ser cazado*.

2.º Que naõ seria permitido a nenhum estudante ter criado em particular.

3.º Que para o serviço dos mesmos Estudantes, quer dizer, barrer os seos quartos, alimpallos, fazerlhe a cama, e outros serviços domesticos, haveria huma molher de idade de cincoenta annos para diante, destinada a servir a cada cinco, de tal modo que nenhum destes Educandos se considerasse que tinha criado ou criada em particular (1).

4.º Todos os quartos, salas, camaras, tanto do Governador, Officiais, Mestres, como dos educandos, seriaõ adornados da mesma sorte de alfayas sem distinçãe de peśsoa (2), e todas ellas deviaõ ser feitas no Reyno.

5.º Tudo o que servisse de alimento e de bebida nesta Escola Real devia ser produçaõ do Reyno, e dos dominios de S. Magestade, como taõbem tudo aquillo que vestissem, calçassem; ainda mesmo as espingardas, espadas, bandoleyras, e tudo que servisse no manejo, e na cozinha (3).

----

(1) Bem se pode considerar a necessidade da observancia destas disposiçoens. Evitar os crimes que saõ contra a Religiaõ, e que pelas nossas Ordenaçoens saõ castigados, he da obrigaçaõ do Legislador: mas neste cazo, sendo el Rey o Pay desta Educaçaõ da Nobreza, deve haver entaõ mais effectiva providencia; todos entendem esta materia e os males que resultaõ da dissoluçaõ da Mocidade; permitte a Disciplina Ecclesiastica aos Parrhocos terem amas de cincoenta annos em suas cazas; e podia a Escola Militar imitar esta instituiçaõ: no livro 1, tit. 94 das Orden. *Sam obrigados os que tem officio de julgar e de escrever serem caçados:* e quanto mais seraõ obrigados os que haõ de governar e ensinar a Mocidade?

(2) No intento que aprendaõ os Educandos a viver com o necessario, e naõ haver distinçaõ nesta materia naquella Escola, e taõbem para que aprendaõ amar a sua patria, e naõ ficarem desde meninisse imbebidos que tudo que naõ he estrangeyro, he mao e mal feito.

(3) Era huma Lev dos antigos Reis da Persia e do Egypto. Só deste modo mostra hum patriota que ama a sua patria, e que

6.º Como estes educandos haviaõ de estar alistados em companhias cada huã de *vinte, ou vinte e quatro*, governadas pella disciplina militar, ja se ve que devem vestirse com uniformes; e do mesmo modo os Officiais, e Inspectores, cada qual com distinçaõ do seu gráo (1).

7.º Todos estes educandos deviaõ comer em communidade, e naõ serlhe permitido nenhuma sorte de alimento no seu quarto (2).

8.º De sol nacido até sol posto, sempre haverá huma companhia de educandos de Guarda: seraõ os que estaraõ de sintinella dentro do edificio nos lugares que o Commandante achar aproposito. E como para a guarda de todo o edificio deve haver huma companhia de Soldados tirada do regimento da guarniçaõ mais chegada, estes seraõ os que estaraõ de sintinella ás portas de entrada e sahida dia e noyte.

9.º A nenhum destes educandos seria permitido entrar no quarto ou camara dos seos collegas; nem dos Officiais de guerra, Mestres, ou Officiais de economia sub pena de rigoroza prizão.

10.º Ao tenente del Rey, ou Commandante d'esta Escola Real, Intendente Director dos Estudos, Officiais de Guerra, e Mestres, e outros Officiais economicos

---

faz estimaçaõ della: quem assim naõ for educado nem saberá o que he o bem commum, nem as obrigaçoens com que naceo. Estes dois articulos se observaõ á risca na Escola Militar de Paris.

(1) No collegio Thereziano de Vienna cada educando se veste como quer: a distinçaõ entre os mesmos Socios, todos filhos adoptivos do Estudo faz perder o objecto da instituiçaõ.

(2) He para exercitar a ley deste Instituto, «Que ninguem ha de viver por sua vontade, mas conforme á Ley».

lhes seria dada a cada hum sua particular instruçaõ para exercitarem o seu cargo.

11.º Naõ seria permitido aos Mestres, nem aos Officiais de Guerra castigar com castigo corporal: só poderiaõ mandar prender; e dar por escrito a falta, ou culpa do educando ao Conselho economico da Escola, que se teria huma, ou duas vezes por semana, no qual se determinaria o castigo. O Mayor que sente a Nobreza hé a *deshonra*: o ser condenado a naõ frequentar as classes: o estar de pé em parada sem espada, e sem espingarda á vista dos Mestres e de seos iguais, serviria da mais efficas correçaõ (1). Vejase a dita Encyclopedia tom. v, no lugar citado assima.

§.

Em que idade deviam entrar os Educandos na Escola Real Militar?

Se os educandos entrassem nesta Escola na unica intençaõ de sahirem instruidos nas lingoas e nas sciencias, nenhum deveria entrar antes da idade de *doʒe*, ou *quatorʒe* annos. Mas o intento principal he que seu animo saya destas escolas taõbem informado na virtude, no amor da Patria, e na obediencia ás Leis; que pella imitação da boa companhia, e pella practica das boas

---

(1) O castigo que daõ os quatro Collegios Mayores de Salamanca aos Noviços, (que todos são Nobres), he ordenarlhes que fiquem de pé arrimados aos lados das portas dos Claustros, e ás vezes por hum dia enteyro, a vista de todos os que entraõ e sayem; e por experiencia se sabe que tem produzido este castigo admiraveis mudanças nos costumes.

acçoens, fiquem instruidos nestas taõ importantes obrigaçoens: pelo que bem poderaõ entrar os educandos
desde a idade de *oito* ou *nove* annos, e se fosse possivel
ainda mais cedo pellas razoens seguintes.

Tanto que as riquezas da Affrica e do Oriente entraraõ em Portugal, logo começou a mostrarse o luxo
nos vestidos, comidas, e mais commodidades estrangeiras; começou a esfriarse o amor das familias, e por
ultimo da Patria. El Rey Dom João o Terceyro, foi
o ultimo Rei que foi criado com ama Nobre; e ja seos
Filhos, nem seu Neto el Rey D. Sebastiaõ, tiveraõ
amas mais que da classe plebea: indicio certo que as
Senhoras naõ criavaõ ja seos filhos, como nos tempos
anteriores. Introduziose este destruitivo costume da
raça humana, do amor filial e dos bons costumes; e a
pezar de tanto sermaõ, missoens, e practicas espirituais,
nenhuma Senhora quer sacrificar a sua formozura á
criaçaõ de seos filhos, que háo de ser a cauza da felicidade, ou dos infortunios do resto da sua vida. Seria
loucura persuadir o que ninguem quer abraçar (1).

§.

Consequencias por nam criarem as Mays seos filhos

Tem para si estas Mays, que naõ criaõ, que conservaraõ por mais tempo a formozura, e que dilataraõ a
vida com mais vigor e forças, e que perderiaõ a sua

. (1) .... Desperat tractata nitescere posse, relinquit et
quæ.

Horat. *de Art. Poet.* v. 150.

boa constituiçaõ, criando por dezoito mezes ou dois annos. Mas he engano manifesto; e o contrario se sabe pela experiencia, e pela boa Physica.

A molher que pario, e que naõ cria o seo parto, em pouco tempo vem a conceber de novo: a prenhés de nove mezes he huma enfermidade, que enfraquece mais o corpo do que criar aos peitos por anno e meyo: e como concebem antes que as partes da geraçaõ adquirissem pelo repouzo a sua natural consistencia, succede que estas Senhoras abortaõ mais frequentemente: enfermidade taõ consideravel, que muitas ou perdem a vida, ou ficaõ achacadas, perdendo em poucos annos o idolo da sua belleza, ficando frustradas do seu intento, e expostas a viverem por toda a vida a mil desgostos e pezares. A molher que cria o seu parto fortifica o seu corpo; porque a natureza inclinandose a lançar para os peitos muita parte dos alimentos, nesse mesmo tempo as partes da geraçaõ se alimpaõ dos humores que estiveraõ detidos por nove mezes, e alimpandosse cada dia adquirem o seu vigor natural; e deste modo a molher que cria o seu parto, e que o sustenta só com o seu leite por hum anno, naõ concebe, que difficilmente; se concebem de antes, he por que naõ daõ leite na quantidade necessaria, temendo estas Mays e Amas enfraquecerse, o que he engano manifesto.

Este o mal que cauza ás Mays naõ criarem seos filhos, vejamos agora os danos a que estaõ expostos os partos viventes e ainda os mais vivazes. A molher que concebeo dentro do anno em que pario, naõ deu tempo para que as partes da geração adquirissem aquelle vigor natural, que lhe he natural: a prole concebida naõ terá tanto espaço para se estender; ficará mais fraco, porque o lugar onde vai crescendo está relaxado, e fatigado pela prenhés, e parto antecedente: daqui he que sahirá á luz com menos vigor e com menos esforço para crescer. E será esta a causa que nos nossos seculos a especie humana he mais piquena e mais fraca, que nos seculos anteriores? pelo menos parece ser huma cauza desta pequenhés.

Atégora os danos que sofrem as Mais e os seos partos no corpo; mas os mais consideraveis e lamentaveis saõ aquelles que se imprimem no animo das crianças criadas por amas. Se foramos nacidos para viver nos desertos da Affrica, ou nos bosques da America, pouco importava que as amas imprimissem no nosso animo aquellas ideas de terror, de feitiços, de feiticeyras, de duendes, de crueldade, e de vingança; mas somos nacidos em sociedade civil, e christãa; aqueilas ideas que nos daõ as amas saõ destrutivas de tudo o que devemos crer, e obrar: ficaõ aquellas crianças expostas ao ensino de molheres ignorantes, superstiziozas; saõ os primeyros Mestres da lingoa, dos dezejos, dos apetites, e das payxoens depravadas. Chegou o menino a fallar, ja esta cercado de duas ou tres molheres, mais ignorantes, mais superstiziozas, do que a ama; por que estas saõ mais velhas, e sabem mais destruir aquella primeira intelligencia do menino; chega a idade de caminhar, ja tem seu mocinho, ordinariamente escravo, e como foraõ pelas Mays criados por taes amas, e velhas, saõ os terceyros Mestres até a idade de seis ou sete annos: e se o máo exemplo do Pay e da May póem o sello a esta educaçaõ fica o menino embebido nestes detestaveis principios, que mui difficilmente os milhores Mestres podem arrancar aquelles vicios pelo discurso da idade pueril.

Será impossivel introduzirse a boa educaçaõ na Fidalguia Portugueza em quanto naõ houver hum Collegio, ou Recolhimento, quero diser huma Escola com clauzura para se educarem ali as meninas Fidalgas desde a mais tenra idade; porque por ultimo as Maens, e o sexo femenino saõ os primeyros Mestres do nosso; todas as primeyras ideas que temos, provem da criaçaõ que temos das mays, amas, e ayas; e se estas forem bem educadas nos conhecimentos da verdadeyra Religiaõ, da vida civil, e das nossas obrigaçoens, reduzindo todo o ensino destas meninas Fidalgas á Geographia, á Historia sagrada e profana, e ao trabalho de maós senhoril, que se emprega no risco, bordar, pintar, e estofar, naõ perderiaõ tanto tempo em ler novellas amorozas, versos, que nem todos saõ sagrados: e em outros passatempos, onde o animo naõ só se dissipa, mas ás vezes se corrompe; mas o peyor desta vida assi empregada he que se communica aos filhos, aos irmaós, e aos maridos. Daqui vem, que sendo na mesma Naçaõ, da mesma familia, e da mesma caza, estaõ introduzidas duas sortes de lingoa, ou modos de fallar, a conversaçaõ que se deve ter com as senhoras, não ha de ser sobre materia grave, séria; estas conversaçoens judiciosas ficaõ reservadas para algum velho, ou para algum notado de extravagante: e assim succede que ficaõ as Senhoras por toda a vida (ordinariamente) meninas no modo de pensar; e com taõ miseraveis principios vem ellas, as suas amas, as suas ayas, e donas, a serem os Mestres daquelles destinados a servir os Reis.

Naõ me acuze V. Illustrissima, que sahi fora do intento que lhe prometi. Achei que tratar da educaçaõ que deviaõ ter meninas Nobres e Fidalgas merecia a mayor attençaõ porque por ultimo vem a ser os primeyros Mestres de seos filhos, irmaõns e maridos. V. Illustrissima sabe muito melhor do que eu, aquelles monumentos que temos na Historia Romana, e taõbem na nossa, de tantas Mays que por criarem e ensinarem seos filhos foraõ os que salvaraõ a Patria, e a illustraraõ: houve em Roma muitas Cornelias, como em Portugal muitas Phelipas de Vilhena. Mas naquelle tempo ainda o luxo ou a dissoluçaõ naõ se tinha apoderado do animo Portugues, porque as riquezas naõ eraõ taõ apetecidas. A connexaõ que tem a educaçaõ da Mocidade Nobre que prometi a V. Illustrissima, me obriga a ponderar, se não seria mais util para a conservaçaõ e augmento da Religiaõ Catholica, transformarse tantos Conventos de Freyras e das Ordens, principalmente Militares sem exercicio algum da sua destinaçaõ, nestes estabelecimentos que proponho, tanto para a Mocidade Nobre Masculina, como Femenina? Com o exemplo das educandas, ou *Filles de Saint Cyr*, fundaçaõ perto de Versailles, e com o da Escola Real Militar, se poderiaõ fundar no Reyno outros ainda mais ventajozos, para a mesma Nobreza, e para conservaçaõ e augmento da Religiaõ e do Reyno. Mas espero ainda ver nos meos dias estabelecimentos semelhantes em tudo, ou em parte, que satisfaçaõ todo o meu dezejo.

13

§.

Dos Mestres da Escola Real Militar, para a Arte da Guerra e das Sciencias

Ainda que na *Encyclopedia* citada, no articulo *Escola Militar* se contem o que devem aprender os Educandos da Escola Militar, julguei aproposito aplicar o que contem de util á Escola proposta em Portugal; sendo essa a razão, que me move a notar o que se deve seguir ou evitar, deyxando para os que a dirigirem entrar nas, particularidades do ensino, que só com a experiencia e com o tempo se pode fixar hũa Ley constante e universal; bem entendido que subsistaõ as mesmas circunstancias.

O primeyro e quotidiano ensino desta Escola deve ser a *Religião*, para comprirmos a õbrigaçaõ de Christaõ: esta Escola devia considerarse como hũa Parrochia debayxo da Jurisdiçaõ immediata do Ordinario que presentaria o Parrhoco e hum ou dois Vigarios, naõ só para administrar os Sacramentos, mas para instruir nos Domingos e dias de Festa na Religiaõ: mas sem Novenas, Irmandades, Confrarias, e outras Instituiçoens, que naõ saõ essenciais á Religiaõ Catholica: este mesmo Parrhoco e Vigarios, ja se sabe que inculcaraõ naõ só o que saõ obrigados a ensinar, mas a serem os milhores Subditos, porque saõ os mais bem premiados do Estado.

A segunda sorte de Mestres, seriaõ os Militares e todos aquelles que ensinariaõ os exercicios corporais, para fortificar o corpo, faze-lo agil e endurecido ao trabalho e á fadiga que requer a guerra. He necessario considerar-se em Portugal se acharaõ Officiais Militares, que ensinem o manejo *das armas*, as *Evoluçoens* e a *Tactica :* he necessario ponderar qual sorte de Officiais devem ser preferidos para ensinar nesta Escola, se os Estrangeyros, se os Nacionais?

Parece que o fim e o principal objecto desta Escola deve ser, «Que a Nobreza e a Fidalguia fique taõbem instruida, e taõbem morigeradas quo obedeçaõ ás Leis Patrias, á subordinaçaõ dos Mayores, e que percaõ aquella idea que devem ser premiados por descenderem de tal ou tal caza: e que fiquem no habito de pensarem, que só pelo seu merecimento chegaraõ aos postos e ás honras a que aspira a sua educaçaõ».

Se este for o intento de sua Magestade, ficará facil decidir que devem ser preferidos os Officiais Militares Estrangeyros aos Nacionais: o Official Portuguez, que ensinar ou instruir na sua obrigaçaõ hum Menino Fidalgo, sempre lhe mostrará huma distinçaõ ou sumissaõ, e não se atreverá a executar com elle, o que pede a disciplina Militar: esta he e deve ser cega para mandar a Nobreza, ainda da mayor esphera: e deste modo parece que só os Officiais Militares Estrangeyros podiaõ cabalmente satisfazer esta taõ essencial parte do ensino que se pretende.

Seis até oito Officiais Mayores, como, por exemplo, hum Mayor, hùm Vice-Mayor, tres ou quatro Capitaens, e outros tantos Tenentes Estrangeyros seriaõ bastantes; porque o Commandante, ou Tenente del Rey, a cujo cargo estaria a dita Escola,.sendo Official Geral devia ser Nacional, e dos mesmos educandos podiaõ sahir os Sargentos de numero, de supra, os Cabos de esquadra, etc. e por muitas consideraçoens que naõ pertencem aqui, deviaõ ser estes Estrangeiros da Naçaõ Suissa, naõ sendo obstaculo para este effeito a Religiaõ Protestante que seguem aquelles Republicanos pela mayor parte.

O dia da quinta feyra seria destinado enteyramente para o exercicio militar, o *manejo da Espingarda, as Evoluçoens Militares e a Tactica.*

Assima fica proposto que cada companhia constaria de *vinte ou vinte e quatro* Educandos, o que se deve entender no principio deste establecimento; mas podia estenderse este numero até cem em cada companhia, e poderiaõse completar os Officiais de cada huma dellas, como Alferes e Tenentes, com Officiais Educandos.

Seria util que o resto dos Mestres, para ensinar todos os exercicios do corpo, como saõ *a dansa, a esgrima, montar a cavallo e nadar,* fossem Portuguezes, com aquellas qualidades necessarias para ensinar; estes exercicios seriaõ quotidianos e distribuidos no tempo que indicaremos abayxo, quando tratarmos da instruçaõ nas Lingoas e Sciencias.

Os Mestres para ensinar a *Lingoa Castelhana, Franceza e Ingleza,* necessariamente deviaõ ser Estrangeiros; e na Escola Militar de Paris os serventes saõ Alemaens e Italianos, para que, pelo uzo, aprendaõ aquelles Educandos estas Lingoas, alem do ensino, que tem dos Mestres: methodo que se devia imitar.

Igualmente seria necessario haver mais Mestres Estrangeiros, para ensinar as sciencias, ou na Lingoa Franceza, ou na Latina, e mesmo de Religiaõ Protes-

tante, o que naõ sei, se será bem aceita esta proposta.
Mas considerando que só entre os Alemaens e os
Suissos saõ bem conhecidas a Philosophia Moral,
Origem do Direito das Gentes e do Civil, a Historia
Antigua e a Politica dos nossos tempos, ninguem du-
vidará escolher os Homens doutos destas Naçoens,
para este ensino.

Naõ he novo ensinarem os Protestantes nas Escolas
publicas Catholicas: a Universidade de Padua teve
Lentes de Mathematica Protestantes, como foi M. Her-
man Suisse, Autor da *Phoronomia*. Em muitos Estados Catholicos de Alemanha he a practica ordinaria,
porque cada Mestre ou Lente se contem a ensinar
unicamente a Sciencia que professa, e como os Educandos seraõ instruidos cada dia pelos Ecclesiasticos da
mesma Escola, e pelos Mestres Portuguezes ao mesmo
tempo, naõ se poderá temer com razaõ, que o ensino
dos Estrangeiros possa prejudicar a Educaçaõ no que
toca á Religiaõ, nem á santidade dos costumes.

As leis da economia interior desta Escola, e a sua
exacta observancia, as instruçoens que cada Mestre
havia de receber, quando entrasse no seu cargo, com
juramento de as observar, conforme á sua Religiaõ,
seria o methodo effectivo da boa ordem e da utilidade
desta Escola. Porque como toda ella devia depender
immediatamente de S. Magestade, e ficar na dependencia do Secretario do Estado, por o Governo interior
do Reyno, seria mui facil obviar a qualquer desordem,
e executar tudo o que estivesse decretado.

§.

*Das Lingoas e Sciencias que se deviam ensinar
nesta Escola, e em que tempo?*

Nos cinco dias, vem a saber, secunda feira, terça
feira, quarta feira, sexta feira, e sabado poderiaõ estes
Educandos occuparse em vinte liçoens.

Cinco liçoens de Grammatica da sua propria lingoa;
escrevela e compôr nella com propriedade e elegancia;
a lingoa Latina, Castelhana, Franceza e Ingleza.

Tres liçoens de Arithmetica, Geemetria, Algebra,
Trigonometria, Secçoens conicas, etc.

Tres liçoens de Geographia, Historia profana, sagrada, e militar.

Duas ou *tres* do Risco, Fortificaçaõ, Architectura
militar, naval, civil, com os instrumentos e modelos
necessarios para aprender estas Sciencias.

Duas de Hydrographia, Nautica, com os instrumentos.

Cinco dos exercicios corporaes: dança, esgrimir,
manejo da espingarda, montar a cavallo, e nadar.

Ja se vê que ao passo que os educandos souberem a
sua lingoa, a Latina, e a Franceza, a Geographia, a
Chronologia, e os Elementos da Historia, que devem
passar a ontras classes onde se ensinaraõ as sciencias
que dependem destes conhecimentos. Alem das referidas necessariamente se deviaõ ensinar:

A Philosophia Moral por theoria e practica:

O Direito das Gentes, os Principios do Direito Civil,
Politico e Patrio, que deviaõ ser as nossas Ordenaçoens
reformadas, á imitaçaõ daquellas de Turin publicadas

e decretadas por Victor Amadeo no anno de 1721 e 1724:

A Economia Politica do Estado, isto he o conhecimento da Agricultura universal: a Navigaçaõ, e o Commercio nos Mares conhecidos.

Pode se duvidar com razaõ se todos os educandos devem aprender sem distinçaõ a Lingoa Latina, e as Sciencias mais elevadas. He certo que devia haver excepçaõ nesta materia; e conformar o ensino ao genio, inclinaçaõ e engenho dos educandos; sem embargo desta precauçaõ todos seriaõ obrigados aprender sem distinçaõ o seguinte:

Saber escrever a sua lingoa com propriedade, e com a mesma fallar a Castelhana (de que injustamente fazemos pouco cazo), a Franceza, e a Ingleza.

A Geographia, sem a qual naõ saberemos nem ainda a nossa Historia que deviaõ todos saber, com a de Castella, de França, Inglaterra, e o principal da Ecclesiastica: pelo menos aquelles *Discursos de l'Histoire Ecclésiastique* de *M. l'Abbé de Fleury*.

A Arte de Guerra e da Nautica; esta tambem por practica, embarcandose em cada viagem de Navios de Guerra para as nossas Colonias alguns destes educandos.

Todos os Estatutos Militares, e Nauticos; mas naõ superficialmente, como he maõ costume; mas com exactidão e intelligencia.

Todos os exercicios do corpo referidos; e saber arte de conhecer os cavallos, os seus petrechos, o seu sustento, e tudo que toca ao Inspector General da Cavallaria; necessaria precaução para ser official perfeito nesta parte do exercito: do mesmo modo se devia aprender tudo que pertence a hum navio de guerra: e na Artilharia, e Architectura Militar.

O que se contem naquelle livrinho, que dissemos assima se está compondo *tocante ás Obrigaçoens*, que saõ os Principios da Philosophia moral practica.

No cazo que o juizo de algum educando fosse taõ estupido que naõ seja capás de aprender o referido, pelas instruçoens Reais para as Escolas, devia ser rejeitado desta Escola Real; e como lhe ficassem ainda braços para manejar huma espingarda, ou para defender o seu posto em hum navio de guerra, esta seria sua distinaçaõ; servindo de utilissimo monumento esta piedoza resoluçaõ para o Estado e para esta Escola Real Militar; que assim sabia tratar os educandos menos habeis.

§.

Ponderaçam sobre a Lingoa Latina

Entender e saber a Lingoa Latina com algũa perfeiçaõ naõ se estima ordinariamente por qualidade necessaria: mas he notado de má creaçaõ e he reputado por ignorante, quem a naõ entende; tantos Authores que escreveraõ era inutil a hum Militar, a hum Capitaõ de Mar, e outros Cargos publicos, naõ tem outro fundamento mais, do que mostrarem que tem na sua propria Lingoa todas as Sciencias e Artes escriptas, e que sabendoa com perfeiçaõ aproveitaõ o tempo em aprendellas, que perdiaõ certamente em quanto estudavaõ o Latim: mas he engano manifesto. Quem assim escreve, e assim declama, sabe Lingoa Latina, e naõ se apercebe que se a naõ soubesse, teria milhares de occasioens de dezejar sabéla. Notou M. de Voltaire que Louis Quatorze, e M. Colbert seu Secretario de Estado naõ sabiaõ Latim, e que elles promoveraõ as Sciencias mais que os Reis, e Ministros que foram doutos; e que M. Colbert, sendo ja Ministro aprendia esta Lingoa. Carlos Quinto, Henrique Terceyro de França lamentáraõse muitas vezes que a ignorarem: todos aquelles de quem se pode esperar tiveraõ boa creaçaõ, saõ reputados saberem latim: porque todos os Mysterios da nossa Religiaõ, todos os actos Religiosos della saõ nesta Lingoa, e será couza lamentavel que hum Gentilhomem na Igreja intenda tanto como o Villaõ, ou hũa criada. No trato do mundo occorrem mil occazioens de saber Latim, hũa sentença que se dis nesta Lingoa em conversaçaõ; o titulo de hum livro latinizado, ou em latim; estando nos Cargos ou civis ou politicos, ou nos da guerra ha milhares de occazioens onde o Latim he necessario; de outro modo fica o Ministro, ou o General envergonhado, e confuzo. Para resolver se hum mosso Nobre, nesta Escola que se propoem, devia aprender o Latim ou naõ, naõ devia ser aquelle que o sabe. Pelo contrario devia ser hum Gentilhomem, ou Fidalgo com conhecimentos da vida civil e politica, que o naõ soubesse: estou certo que o seu voto nesta materia seria pela affirmativa, porque terá experimentado quanta confuzaõ, vergonha, e mortificaçaõ lhe cauzou ás vezes não entender o Evangelho, os textos dos Prégadores; os Hymnos, as Sentenças, e palavras Latinas encadeadas na lectura da Lingoa vulgar, e sobre tudo na conversaçaõ.

Alem do referido, que he a nossa Lingoa, acharemos que a Castelhana, a Italiana, a Franceza, e muita parte da Ingleza, naõ he mais que a Lingoa Latina, ou corrupta, ou com terminaçoens differentes: como he possivel que hum Portugues tenha hũa idea distincta, clara e completa destas palavras: *Conceder, sujeitar, reservar, resolver, publicar, exceder, promover,* etc., sem saber a Lingoa Latina? Ainda que aprenda a Grammatica da nossa Lingoa, ainda que venhaõ Bluteaus novos de Irlanda a fazernos Dicionarios (1), jamais a saberemos bem, sem ter primeiro aprendido o Latim, e naõ creyo que jamais Portugues sem ella a escreverá rectamente, apezar das orthographias á Italiana que começaõ a vogar nas pennas dos Noveleiros e de quem se preza saber antes a Lingoa Estrangeyra do que a sua propria.

Por estas razoens, parece que he indispensavel que esta Lingoa entre na educaçaõ da Mocidade Nobre: todo o ponto está que quando a aprenderem lhes naõ ensinem Grammatica em lugar da Lingoa Latina; a Grammatica ou se deve ensinar explicando a Lingoa materna, ou depois de saber mediocremente a Latina; e o primeiro dia que começariaõ a aprender esta, nesse mesmo começariaõ a traduzir ou algum Evangelho, ou os Proverbios de Salomaõ, por ser o Latim mais commum, como saõ ordinariamente todas as versoens, ou interpretaçoens.

---

(1) *O Dictionario de Bluteau,* em tantos volumes em folio, merecia correçaõ de muitos lugares, por algum douto Portuguez, para ser verdadeyramente util.

§.

Empregos e Honras com que haviam de sahir os Benemeritos desta Escola

Chegados os educandos áquelle tempo que podem ter algum emprego fora da Escola Militar, deviaõ ser empregados conforme o genio, a capacidade, as forças, e os seos Estudos: o Director dos Estudos daria conta ao Conselho desta Escola, onde presidiria hum Secretario do Estado, naõ só do proveito que cada educando adquirira nos seos Estudos, mas que tal e tal poderia ser util nos Negocios Estrangeyros; outro nos Tribunais economicos do interior do Reyno; outro no serviço da frota, e outro no exercito. Antes de serem decorados com Cargos publicos, seria conveniente, que se exercitassem aquelles destinados a navegar nos Navios de Guerra expedidos a combater os Corsarios, ou a conduzir as frotas: outros assistirem em certos Tribunais, e Conselhos, como ouvintes, outros fazendo campanhas, ou ficando por alguns mezes nas Praças fronteyras do Reyno; e taõbem algum numero delles no serviço da Corte; mas sempre com obrigaçaõ de voltar a viver na Escola Militar, onde deviaõ conservar o seu posto até sahirem empregados nos Cargos publicos, e com tenças procedidas de alguma Ordem Militar, ou ja establecida ou que devia establecerse para este fim.

Os Educandos que sayem da Escola Militar de Russia depois de rigurozo exame no que aprenderaõ, saõ empregados primeiramente no exercito no posto de Te-

nentes, de Capitaens, de primeiro e de segundo Mayor:
outros saõ destinados a sirvirem no Collegio dos Negocios Estrangeyros, outros nos Collegios de Justiça e
Rendas Reais. Como naquelle Imperio o Almirantado
tem huma Escola de Nautica, com Pensionarios ou
Guardas Marinhas, todos igualmente Nobres, nenhum
Educando da Escola Militar he empregado no Almirantado.

Os Educandos da Escola Militar de Paris, sayem
para ser empregados no exercito, e tem por premio do
seu aproveitamento nos Estudos, os postos de Tenentes,
Capitaens e segundos Mayores: alem disso sahem decorados com huma Ordem Militar, e huma pensaõ por
toda a vida de 3o.ooo reis, até 48.ooo reis, paga ás
vezes pela mesma Escola, e outras á custa da Ordem
Militar que professaõ. Assim somos feitos: Se naõ
conservamos a esperança fundada na honra, no proveito
e na distinçaõ glorioza, he impossivel forçar·a nossa
natureza a trabalhar, nem a cultivar o entendimento,
sorte de trabalho mais penivel, e que requer mais
constancia, do que o corporal.

§.

Utilidades que resultariam tanto ao Reyno,
como ao Soberano do exacto exercicio
desta Escola Militar, que se propoem.

Tenho mostrado por todo este papel, Illustrissimo
Senhor, que o trato e os costumes de huma Naçaõ
provem originalmente daquelles que tem os Senhores
das terras, e os que exercitaõ os Cargos do Estado.

Que me concedaõ que os Generais, os Almirantes, os Magistrados, e todos os Cargos da Corte sejaõ administrados por homens educados em huma escola, como a que acabo de propor, estou certo que será hum Reyno bem governado, com tanto que o Soberano premée e castigue á risca, conforme as leis decretadas. Isto he facil de conceber: mas se pelo contrario os mesmos Generais e Cargos da Corte forem administrados por homens educados em caza de seos Pays (como he hoje costume), onde os Mestres temem de advirtir e castigar os seos discipulos; onde a Ama ou a Aya, o Criado e o Page são os Companheyros dos Meninos, os seos Manos, toda a sua companhia, os seos confidentes em todos os seos dezejos e apetites, entaõ poderemos julgar que este menino conservará em quanto viver aquelles pessimos habitos, que adquirio com os seos inferiores: naõ saberá repartir o tempo para exercitar o seu emprego, para descansar, nem para dormir: buscará em quanto viver todos os meyos para divertirse, e jamais considerará occuparse, e muito menos cumprir com a sua obrigaçaõ.

Os louvaveis effeitos da boa educaçaõ nesta Academia será o primeiro de *saber regrar cada qual o seu tempo* em todo o dia: costumados a levantarse cedo, ficalhes tempo para applicarse e para se divertir honestamente. Todas aquellas maravilhas que obrou Pedro Primeiro, Emperador da Russia, acho que não tiveraõ outra origem que saber regrar o seu tempo. Este raro e grande Principe, era o primeiro homem que se levantava no seu Imperio, e o primeiro que se deitava a dormir. Levantavase de veraõ e de inverno

ás tres horas da manhãa, ou estivesse na Corte, ou em
campanha, ou viajando; tanto que se levantavà estava
presente o Secretario do Cabinete, com as petiçoens e
papeis, que necessitavaõ de despacho; punhase a des-
pachál-as até as quatro ou cinco horas da manhãa:
sahia dali e partia sem ceremonia na carruagem de
veraõ ou de inverno, acompanhado somente de dois
Dragoens a cavallo: entrava no Almirantado, onde já
estavaõ lá os Almirantes e os cargos do Conselho
d'aquelle Tribunal; e aquelle que faltava era apontado
o sallario d'aquelle dia, pela primeira vés. Ali prezidia
despachando com huma taõ ordenada actividade que
admirava, mesmo áquelles os mais practicos naquelle
cargo. Ali ficava das seis até ás sete da manhãa.
Sahia daquelle Tribunal e chegava ao Senado, que he
o Tribunal supremo que corresponde, me parece, ao
nosso Dezembargo do Paço: com a mesma ordenada
exactidão despachava, e as nove horas da manhãa estava já na sua Corte: onde achava o Gran Chanceller,
ou primeiro Secretario de Estado, com dois mais, que
lhe presentavaõ os Negocios Estrangeiros, que ouvia e
despachava: depois deste tempo dava audiencia aos
Ministros Estrangeiros, e a todos os mais que lha pe-
diaõ. Ás onze horas sem falta jantava ou na Corte ou
em caza de algum Grande ou de algum Ministro Estrangeyro: recolhiase a meyo dia; e até ás tres da
tarde, tudo estava na Corte no mais recatado silencio,
porque sempre durmio a sesta. Sahia ás tres horas a
examinar o que se passava no Collegio de Guerra;
outras vezes hia ao Collegio do Commercio e das
Minas; outras, a ver as Fabricas que tinha erigido;

outras, a ver as obras publicas que tinha ordenado; ceava entre as seis e as sete, e ás sete horas da noite se deitava: apagavaõ-se as luzes na Corte; o silencio era igual ao de hum Convento: e deste modo conheci eu muitos Senhores Russos, e o Feld-Marechal Conde de Munnich, que viviaõ do mesmo modo, educados no serviço daquelle gran Monarcha.

Este foi todo o segredo daquelle Emperador, para obrar em trinta e seys annos que reynou; que parece, pelas incriveis couzas que fes, que viveo duzentos. Em saber distribuir e aproveitarse do tempo, consistio todo este artificio, que só com a educaçaõ masculina se aprende.

Se consultarmos os monumentos da Historia, acharemos que a gloria e augmento dos Reynos naõ lhes veyo dos numerozos exercitos, nem das riquezas; acharemos que foraõ illustres pela Educaçaõ dos seos Monarchas e dos seos Subditos. Relata Diodoro de Sicilia (1), que o Pay de Sesostris, Rey do Egypto, vendo que lhe nacera hum filho ordenou que todos os Meninos que naceraõ no mesmo dia, fossem creados e educados com tanto cuidado e doutrina, que viessem capazes de serem Companheyros e Mestres por habito e companhia do Principe; e que este viera taõ excellente e taõ admiravel, pelas virtudes daquelles Companheyros, que naõ só na Mocidade conquistára as Arabias, mas em idade avançada, sendo ja Rey conquistára desde a India até o Mar Negro. Excellente modo de educar os Principes, pela companhia dos iguais na idade, nas inclinaçoens,

(1) Lib. 1. *Historiarum*, p 49. Ed. Francof.

e divertimentos, e seriaõ bem aventurados os nossos tempos, se esta sorte de ensino resuscitasse nelles.

Á Educaçaõ que teve el Rey Dom Dinis devemos tanta gloria como alcançou o Reyno em ser povoado, rico, potente e respeitado; el Rey D. Duarte taõ cheyo de virtudes, como vexado por disgraças, sendo educado por sua May a Raynha Dona Phelipa, mostrou quanto as Mays podem contribuir para a feliċidade dos filhos. O poder a que chegou França no tempo de Luis Quatorze, e gloria que conserva ainda, teve origem na boa educaçaõ de Henrique o Quarto e do seu Ministro o Duque de Sully; ambos nascidos de Pais Protestantes, ambos educados austeramente, com Mestres excellentes nas sciencias e nos costumes, formáraõ o animo deste Rey e deste seu privado, que toda a sua vida foi hum modelo da ordem nos negocios e na applicaçaõ. O Duque de Sully sendo de huma familia taõ Nobre naõ era a pessoa para administrar as Rendas Reais, porque estes cargos andáraõ sempre exercitados pelos Rendeyros da Fazenda Real: mas a necessidade em que se achava Henrique Quarto pedia hum amigo para remediála, e naõ achou outro que o duque de Sully, o qual naõ reparando bayxarse para levantar o seu Rey, com o Reyno, dezempenhou o Estado, ajuntou thezouros, destruio os inimigos, resuscitou a agricultura do Reyno que estava perdida, introduzio o comercio, e instituio a cultura das sedas, e fabricas destas e das lans. Que se leam as Memorias (1) deste grande Ministro, e então ficaraõ todos persuadidos que o segredo de adquirir

_____

(1) *Mémoires du Duc de Sully*. M. de Rosny. 4 Vol. 4.º Paris·

immortal fama nos postos e nos cargos com utilidade publica, consiste na distribuiçaõ do tempo, na ordem da vida e regra de viver; o que sómente se aprende na primeira idade, como habito que fica por toda a vida.

Dizia Socrates, que era couza notavel que havendo Mestres, e Escolas para aprender tudo o que era necessario para ser rico, considerado, e auctorizado, que só naõ conhecia huma onde os homens e os meninos fossem a aprender a ser bons. Eu sem tantos cónhecimentos, e com menor virtude acho que em Portugal terá a Nobreza e a Fidalguia Mestres a milhares que lhes ensinem as lingoas, dançar, esgrimir, montar a cavallo, e sobre tudo as Genealogias, mas naõ posso considerar que haja hum, que lhes ensine que he *obrigado a obedecer* aos Magistrados, e a todos aquelles empregados no serviço do Estado, como sejaõ seos Mayores; naõ posso considerar que possa a Fidalguia perder aquella soberba com que nace, e aquella independencia, do que em huma Escola Militar, governada pella *disciplina Militar,* que naõ conhece outra Genealogia, nem Sangue Real, do que o cargo e o merecimento. Se esta mocidade desde a idade de nove ou dés annos estiver costumada ser mandada, e posta em prizaõ por hum Tenente, ou Capitaõ nobre, ou naõ Nobre; se for castigada por ter insultado o seu Mestre, ou hũa criada ou servente da dita Escola, perderá aquelle habito que contrahio em caza em companhia das Ayas, e dos creados graves, e queyra Deos, que não fosse contrahido com domesticos de esfera mais inferior?

Esta disciplina Militar, esta ordem, e saber repartir

14

o seu tempo, se espalharia por todas as tropas, e por toda a armada, porque ja dissemos que todos os subalternos imitaõ os vicios, ou as virtudes, o trato, e o modo de viver dos superiores. Que Escolas temos no Reyno onde a Fidalguia na primeyra idade possa aprender a *moderar* as suas payxoens? a ser constante nas adversidades, e nos perigos? Felis seria a Corte que constasse dos que foraõ assim educados! As Leis teriaõ vigor, porque os Subditos as executariaõ; e estando autorizados, as observariaõ; conhecendo interiormente terem superior, e que saõ nacidos Subditos. Em que Escola se aprende hoje no Reyno amar a sua Patria? naõ consiste este amor perder a vida por ella, atacando hum Corsario, ou subindo por hũa brecha; a gloria que redunda destas acçoens, recompensa bem o perigo: este amor consiste em serlhe util, e em augmentar por todos os meyos a sua conservaçaõ, e a sua grandeza: ama a sua Patria o Senhor de terras, que as faz ferteis, que multiplica por cazamentos as aldeas, contribuindo com o seu, e com as suas terras a sustentar estes Subditos, e os que haõ de vir desta uniaõ: ama a sua Patria aquelle que podendo comprar hum vestido de pano de Inglaterra o manda fazer de covilhãa; estes saõ os Patriotas, e aquelles que conhecem no que consiste a sua conservaçaõ, e a sua ruina. Sómente na Escola proposta se poderaõ adquirir estes conhecimentos, e adquirir estes habitos virtuozos.

Admiramonos da temeridade del Rey Dom Sebastiaõ, naõ só por expor-se cotidianamente aos perigos mais iminentes, mas de passar a Affrica como hum aventureyro; accuzamos, ainda que com razaõ seos Mestres os Jesuitas, e sobre todos Pedro Gonsalves da Camara, e naõ accuzamos os costumes estragados, e a ignorancia da Fidalguia daquelles tempos. E nenhum incentivo mayor teraõ jamais os Nossos Reys para cuidarem da severa educaçaõ da sua Fidalguia do que a catastrophe do referido Rey; porque he certo que se fosse como pedia o seu nacimento, que naõ cahiria o Reyno naquelle taõ lamentavel abatimento.

Os Reys que tiverem particular cuidado da educaçaõ dos Nobres e dos Fidalgos, he o mesmo que fortificar praças, fazer frotas, e multiplicar a felicidade dos seos dominios, fim de toda a Legislação de qualquer Estado. Relata *M. Ricaut* (1) que a grandeza e a conservaçaõ do Imperio de Turquia depende totalmente da educaçaõ que o Gran Senhor dá no *Seraillo* á mocidade, que elle adopta e cria á sua custa.

O referido Auctor no lugar citado dis assim (2) «O Graõ Senhor naõ considera nos seos Ministros, nem o nacimento, nem as riquezas: elle tem por maxima empregar aquelles que foraõ educados a sua custa; e como elles naõ tem outro arrimo, nem outra esperança, daqui he que saõ obrigados á gratidaõ e a servirem com a mayor fidelidade.........................

«Os meninos destinados a servir os mayores Cargos daquelle Imperio, que os Turcos chamaõ *Ichoglans*, forçozamente hão de ser filhos de Christaõs tomados na guerra, e de terras distantes da capital ....

---

(1) *Histoire de l'Etat présent de l'Empire Ottoman.* Lib. i. Cap. v. Paris, 1670, 8.º
(2) Pag. 83.

Antes que estes meninos entrem no lugar destinado para se criarem os prezentaõ ao Graõ Senhor; e os envia ou ao serrail de *Pera,* ou ao de *Adrianopoli,* ou ao de Constantinopla».

Ali saõ doutrinados naquelles tres Collegios, ou pensoens com toda a severidade pelos Eunuchos; ali aprendem todos os exercicios militares, escrever, e a sua Religiaõ, e as Lingoas Persiana, e Arabiga: e nestes filhos adoptivos se provem todos os Cargos do Imperio; estes saõ aquelles que vem a ser Bachas, Vizires, etc.

He facil prever que sendo educados assim todos aquelles que haõ de servir hum Estado, que seraõ os mais gratos, e os mais fieis ao seu Soberano, que sempre consideraraõ como piissimo Pay. Se fossem educados ingenuamente com os conhecimentos da Europa, e com as maximas da Religiaõ Christã, taõ excellentes para conservar a paz, a humanidade, e cordialidade entre os iguais e superiores, sentiria aquelle Estado muito mayor utilidade daquella excellente educaçaõ, porque naõ he possivel considerar outro melhor methodo para conservar huma monarchia, e para promover a felicidade de hum Rey.

Tenho acabado o que prometi a V. Illustrissima, e sem embargo que esteja persuadido que naõ satisfis a tudo que pertence á materia que tratei, naõ duvido será de algũa utilidade, e será a mayor, a meu ver, haver mostrado a necessidade que tem o Reyno de huma educaçaõ universal da Mocidade, governada por hum novo Tribunal, dependente de hum Secretario de Estado. Os defeitos, ou omissoens que V. Illustrissima notar neste papel, ou cauzados pela auzencia de tantos annos da Patria, ou pela ignorancia das circunstancias, facilmente se remedearaõ, se V. Illustrissima for servido notalos, porque entaõ me será mais facil acertar com a idea da perfeita educaçaõ da Mocidade Portugueza. Fico para obedecer a V. Illustrissima com o mayor respeito.

Deos guarde a V. Illustrissima muitos annos

Paris, 19 Novembro 1759.

Antonio Nunes Ribeiro Sanches.

TABOA DAS DIVISOENS

Publicados:

CAVALEIRO DE OLIVEIRA. — Discours Pathétique au sujet des calamités présentes, arrivées en Portugal. Nova ed. seguida duma notícia bibliográfica pelo Dr. Joaquim de Carvalho.

RIBEIRO SANCHES. — Cartas sobre a educação da mocidade. Ed. prefaciada e revista pelo Dr. Maximiano Lemos.

No prélo:

CAVALEIRO DE OLIVEIRA. — Reflexoens de Felix Vieyra Corvina de Arcos, Christam Velho Ulissyponense sobre a Tentativa Theologica, composta pello Reverendo e douto Padre Antonio Pereyra da Congregaçam do Oratorio de Lisboa.

JOSÉ DA CUNHA BROCHADO. — Memorias particulares, ou anedotas da Corte de França apontadas no tempo que servio de Enviado naquella Corte.

CPSIA information can be obtained at www.ICGtesting.com
Printed in the USA
BVOW06s1400170614

356606BV00013BA/398/P

9 781246 697223